国家出版基金项目
NATIONAL PUBLICATION FOUNDATION

非洲译丛

"十二五"国家重点出版物出版规划项目

安哥拉的风俗与文化

［美］阿德巴约·O. 奥耶巴德（Adebayo O. Oyebade） 著

李国武　邓煜平　译

民主与建设出版社

图书在版编目（CIP）数据

安哥拉的风俗与文化 /（美）奥耶巴德著；李国武，
邓煜平译. —北京：民主与建设出版社，2015.10
ISBN 978-7-5139-0840-5

Ⅰ.①安… Ⅱ.①奥… ②肖… ③李… Ⅲ.①安哥拉
—概况 Ⅳ.①K947.4

中国版本图书馆 CIP 数据核字（2015）第 245780 号

Culture and Customs of Angola
Translated from the English Language edition of Culture and Customs of Angola by Adebayo
O. Oyebade, originally published by Greenwood, an imprint of ABC-CLIO, LLC, Santa
Barbara, CA, USA. Copyright © 2006 by the author(s). Translated into and published in the
Simplified Chinese language by arrangement with ABC-CLIO, LLC. All rights reserved.
Simplifted Chinese edtion copyright：2015 DEMOVRACY & CONSTRUCTION PRESS
All rights reserved.

版权登记号：01-2015-7106

安哥拉的风俗与文化

出 版 人	许久文
著　 者	（美）阿德巴约·O.奥耶巴德
责任编辑	刘　芳
整体设计	逸品文化
出版发行	民主与建设出版社有限责任公司
电　 话	（010）59419778　59417745
社　 址	北京市朝阳区阜通东大街融科望京中心 B 座 601 室
邮　 编	100102
印　 刷	北京明月印务有限责任公司
版　 次	2015 年 12 月第 1 版　2015 年 12 月第 1 次印刷
开　 本	880×1230mm　　1/32
印　 张	9.25
字　 数	191 千字
书　 号	ISBN 978-7-5139-0840-5
定　 价	40.00 元

注：如有印、装质量问题，请与出版社联系。

中央财经大学中国海外发展研究中心资助

出版说明

　　中国与非洲相距遥远，但自古以来，两地人民就有了从间接到直接、从稀疏到紧密的联系，这种联系增进了两地人民的沟通与了解，为两地的发展不断发挥着作用。特别是 20 世纪中叶以来，因为共同的命运，中国和非洲都走上了反殖民主义革命与争取民族独立的道路，中非之间相互同情、相互支持，结下了深厚的友谊。迈入新世纪以来，随着我国经济的发展，中非经贸关系日益深入，及时了解非洲的政治、经济、法律、文化的情况当然也就具有十分重要的现实意义。

　　有感于此，我社组织翻译出版这套《非洲译丛》，所收书目比较全面地反映了非洲大陆的政经概貌以及过去我们很少涉及的一些重要国家的情况，涵盖多个语种，具有较强的系统性和学术性，意在填补我国对非洲研究的空白，对于相关学术单位和社会各界了解非洲，开展对非洲的研究与合作有所帮助。

　　译丛由北京大学、中央财经大学、浙江师范大学、湘潭大学等国内非洲研究的重镇以及国家开发银行、中非基金等单位组织，由非洲研究专家学者遴选近期国外有关非洲的政治、经济、法律等方面有较大影响、学术水准较高的论著，汇为一编，涵盖政治、经济、法律等七个方面的内容，共约 100 种图书。

对于出版大型丛书，我社经验颇乏，工作中肯定存在着一些不足，期待社会各界鼎力支持，共襄盛举，以期为中非合作做出贡献。

民主与建设出版社

2014 年 8 月

目录

1 引言

安哥拉共和国是位于非洲大陆中西部的一个国家，南纬 5 度和 18 度之间、东经 12 度和 24 度之间。它北部和东北部毗邻刚果民主共和国（DRC），东部毗邻赞比亚，南部毗邻纳米比亚，西濒大西洋。安哥拉是非洲中南部面积最大的国家之一，大概是美国德克萨斯州的两倍。土地和内陆水域的面积超过 481 354 平方英里。它的领土范围包括远离本土大约 20 英里的卡宾达（Cabinda）。拥有 25 万人口的卡宾达是安哥拉西北部顶端一片很小但却重要的陆地，它与大陆相分离，介于 DRC 和刚果共和国之间。安哥拉的首都是罗安达，位于国家西北部的大西洋海岸。其他重要的城市还包括万博（Huambo）、本吉拉（Benguela）、洛比托（Lobito）和卢班戈（Lubango）。

在经过近 15 年对葡萄牙殖民主义者的武装反抗之后，安哥拉于 1975 年 11 月 11 日获得政治独立。葡萄牙对这个国家的殖民统治不仅历时很久，而且剥削严重，极其残忍。在 1950 年代末和 1960 年代初的殖民地独立时期，这时殖民国家开始准许非洲国家独立，但葡萄牙并没有自愿放弃其对占有的殖民地的托管。就像在莫桑比克和几内亚比绍一样，导致安哥拉民族解放的血腥战争。

摆脱殖民统治的安哥拉，期望在自由、公正和法治的民主原则基础上建立一个经济上繁荣的国家。但是在持续近 30 年的残酷内战的摧残之后，这个国家既不能建立一个强大的经济体，也不能建立一个稳定的民主社会。在很大程度上，安哥拉的现代史就是内战史。战争开始于 1975 年的独立后，当时有三个重要的争取独立的解放运动组织（安哥拉人民解放运动、安哥拉民族解放阵线和争取安哥拉彻底独立全国联盟）为了争夺权力而陷入冲突。在背地里的冷战干预的利用下，不同运动组织之间的权力斗争很快演变为全面的残暴内战。除去从 1991 年中期到 1992 年底的短暂停火期之外，战争直到 2002 年才结束，曾一度被描述为"世界最凶险的战争"。①

战争对安哥拉后独立时期各方面的不利影响都是非常明显的。就人员伤亡而言，在战争期间丧生的人不计其数，大量的人口流离失所，还有人因为战争期间埋下的地雷而遭受持续的战后死亡和严重受伤。战争也严重阻碍了经济增长和照顾民众福利的基本社会服务的发展。医疗服务虽然存在，但仍然非常落后。教育系统几乎完全崩溃。

不过，自从内战结束之后，安哥拉已经走上了一条缓慢但确实进步的道路。很多在战争期间背井离乡的人们开始在停战之后返回家园继续他们的生活。重建任务得到了人道主义援助

---

① 普兰德加斯特（Prendergast），《安哥拉的致命战争》（*Angola's Deadly War*），第 1 页。

的大力支持。

安哥拉由大量具有自己语言的族群（ethnolinguistic group）构成，其数量大约有 100 个。其中有几个规模很大，而其他则是中等或很小的规模。最主要的族群是奥文本杜人（Ovimbundu）、姆邦杜人（Mbundu）、巴刚果人（Bakongo）、恩甘格拉人（Nganguela）及隆达—乔克维人（Lunda-Chokwe）。更小的族群包括奥万博人（Ovambo）、恩雅尼卡—洪贝人（Nyaneka-Humbe）、赫雷罗（Herero）和辛东加人（Xindonga）。也还有大量的小规模群落，他们是传统的游牧或半游牧的猎人和野生植物采集者。

安哥拉的主要宗教是基督教。大多数基督教信徒属于罗马天主教信仰，但是许多其他人是新教教徒。在安哥拉的历史上，天主教与新教之间的关系并不总是非常友好的。基督教更多地基于城市，在受过教育的精英和中产阶级中非常普遍。本土的宗教活动仍然活跃于很多地区，特别是在农村地区。伊斯兰教局限于非常少的人群。

很难获得安哥拉准确的人口数据。不过，根据 2006 年的估计，这个国家的总人口大约是 1210 万，年增长率约为 2.45%。人口密度是每平方公里 27 人，所以安哥拉地广人稀。造成这种情况的主要原因是漫长的内战、高婴儿死亡率和极低的预期寿命。在 2006 年，安哥拉的婴儿死亡率是每 1000 个活产婴儿有 185.36 个死亡，是世界上最高的国家之一。2006

年，安哥拉的预期寿命男性是 37.47 岁，女性是 39.83 岁。①

安哥拉的人口主要集中在农村。只有大约 32% 的人是城市居民。人口分布也不均衡。北部和海岸地区聚集着大约 70% 的人口。人口结构相对年轻，45% 的人口低于 15 岁，只有 5% 的人口超过 60 岁。

安哥拉独立后的一个人口特征是内战导致的大规模人口流动。根据联合国 2000 年 6 月的估计，大约 250 万人在国内颠沛流离，另外，有 275 万人需要人道主义救援，这还不包括被 UNITA 叛乱者所占据地区的那些人。还有大量的安哥拉难民人口居住在其邻国，特别是在赞比亚。

国　土

安哥拉是一个领土广阔的大国，在非洲位于第七位。除去卡宾达飞地，安哥拉拥有沿着南大西洋绵延 1000 英里的海岸线，另外，有超过 1000 英里的内陆延伸至赞比亚的边境。概言之，安哥拉的地形地貌有三个主要特征：沿海低地、丘陵和山脉及广袤的高原。

在西部沿海地区是有着低阶地的低地平原。低地平原在宽度上并不规则，在本吉拉地区它的最窄处只有大约 30 英里，而在宽扎（Kwanza）河谷的罗安达地区的北部，它的宽度超过 90 英里。在纳米贝（Namibe）镇南部区域以南，低地平原

① 数据来自《中央情报局世界概况》（*CIA World Factbook*），2006 年版。
http://geography.about.com/liabrary/cia/blcangola.htm.

也延伸至相当大的宽度。

从沿海低地以东，地形变成丘陵和山脉地带，在北部延伸大约 90 英里，在中部和南部缩窄为大约 20 英里。在宽扎河以上的这条丘陵和山脉地带的北部，低地逐渐变为平均海拔为 1500 英尺的丘陵。在宽扎河的南部，低地陡然变成丘陵，形成巨大的悬崖，向南部延伸而去直至纳米比亚。悬崖的最高点是 7874 英尺，是在威拉（Huîla）省的瑟拉（Serra da Chela）山脉的最高点。

安哥拉地貌的第三个主要区域是高原（planalto）。这是延伸至丘陵东部的巨大高原，并实际覆盖了安哥拉的其余部分。安哥拉高原是中非高原群的一部分，它从刚果民主共和国的南部延伸至纳米比亚。高原的平均海拔为 6000 英尺，在本吉拉和威拉高原的部分更高达 8200 多英尺。万博省的莫科山（Morro de Moco）是安哥拉的最高点。

安哥拉的植被变化很大，从草地到森林和沙漠都有。北部海岸线向下一直到中部是镶嵌着常绿林的林地和草地。这条地带以东，从安哥拉的北部到中部，即大约靠近宽扎河的中部拐弯处，是热带大草原区域。除了沿着洛比托海岸线的角落中的西南沙漠及纳米布（Namib）沙漠之外，安哥拉的其他地区，特别是东半部分，是热带森林和草地。

安哥拉有着密集的河流网，它们多数发源于中部山脉。主要的河流有宽扎河、库内纳河（Cunene）、库邦戈河（Cubango）、宽多河（Cuando）、开赛河（Cassai）、奎托河（Cuito）和契卡帕河（Chicapa）。宽扎河和库内纳河分别向北和向南流，但二者都汇入大西洋。宽果河（Cuango）和契卡帕河二者都向北流入刚果民主共和国的刚果河水系。宽多河、库邦戈河和奎托河则像东南流入在博茨瓦纳的奥卡万戈大沼泽（Okavango Swamp）。宽扎河在离它的入海口处大约有 125 英里可通航。除了宽扎河之外，安哥拉的河流都没有用于运输目的。不过，安哥拉的河流有其他用途。例如，向西注入大西洋的宽扎河和库内纳河为干旱的沿海土地提供灌溉用水。这些河流也可修筑大坝，用于水力发电。

尽管局部气候受到海拔的影响，但总体而言安哥拉是热带气候。这个国家有两个交替的季节：旱季和雨季。在雨季，下雨很普遍，而在旱季则雨水较少，并且在许多地方可能有严重的晨雾。在北方，雨季从九月持续到次年的四月，其他月份则是旱季。在南方，雨季从十一月持续到次年的二月，其他月份则是旱季。

大西洋的本吉拉海流流经安哥拉的海岸线，减少了降雨，并使南部的沿海一带变得干旱或半干旱，而北方则变得干旱。向东地区则降水量增多，并在内部的陆地达到最高值。

族　群

与大部分非洲国家一样，安哥拉是一个多民族国家。它有几个大的和中等规模的拥有自己语言的族群，还有大量的小族群。除了少数小的族群被认为一直生活在中南部和南部非洲，安哥拉的族群主要是班图人的后代。他们是迁徙的班图人的一部分，在公元第一个千年期间他们开始从尼日利亚的东南部和喀麦隆地区迁徙到中部和南部非洲。

　　奥文本杜人是安哥拉最大的族群，大约占整个国家人口的38%。奥文本杜人说着一种叫做翁本杜（Umbundu）的语言，主要生活在安哥拉的中西部地区的本吉拉高原附近，他们在16世纪至18世纪之间从安哥拉的北部和东部迁移至此。在肥沃的高原上，奥文本杜人建立了大量的王国，包括强大的拜伦多（Bailundu）王国、比耶（Bié）王国、赛亚卡（Ciyaka）王国和乌布（Wambu）王国，它们在18世纪非常强大，足以控制该地区的其他王国。

　　奥文本杜人在18世纪期间成为安哥拉内陆地区最有胆识的贸易商。依靠这几个主要的王国，他们在中部非洲从沿海的本吉拉到今天安哥拉内陆地区的贸易体系中非常活跃。特别是，他们在18世纪和19世纪葡萄牙人的奴隶贸易中扮演着掠袭者和中间人的角色，在海岸线组织突击队为欧洲人俘获奴隶。截至19世纪中期，奥文本杜人取代了因班加拉人（Imbangla），在中西非的大西洋贸易中占据了主导位置，后者过去一直在与葡萄牙人联合进行的海岸奴隶抢劫中居于垄断地位。

　　在19世纪末，随着大西洋奴隶贸易的衰落，奥文本杜人的经济经历了不可避免的变化。在所谓的合法贸易时期，与奴隶贸易相连的经济投机让位于经济作物的生产，特别是咖啡的生产。不过，由于各种原因，奥文本杜人的经济作物种植并没有持续太久，这其中包括欧洲殖民者的土地占用。

　　然而，到了20世纪初，奥文本杜人的王国已屈服于葡萄牙人，失去了其独立性。葡萄牙殖民当局为欧洲人侵吞土地，对非洲人不利的政策迫使许多奥文本杜人在全国范围内做流动

7

劳工，大部分是在欧洲人的种植园和产业区。

在西北地区省份，生活在奥文本杜人以北地区的是姆邦杜人，他们说的是金邦杜语（Kimbundu）。姆邦杜人是第二大族群，估计有 600 万人，大约占整个安哥拉人口的 25%。姆邦杜人以建立了前殖民地时期最强大的中西非国家之一——恩东戈（Ndongo）王国——而著称。建立于 15 世纪的恩东戈王国很快成为了一个主要的奴隶贸易国家。安哥拉这个名字被认为是由葡萄牙人基于恩东戈最早的统治者之一的名字恩戈拉（Ngola）创造的。

第三大族群是巴刚果人，大约占安哥拉人口的 15%。说刚果语（Kikongo）的巴刚果人生活在安哥拉的北部和西北部，特别是威热省和扎伊尔省，以及卡宾达。巴刚果人也可在安哥拉的邻国发现，刚果民主共和国人口中的绝大部分是巴刚果人，在刚果共和国也有大量的巴刚果人。

较小的族群在安哥拉也不少。以艺术才能而著称的隆达（Lunda）人和乔克维人及其相关的民族大约占安哥拉人口的 10%，主要集中在隆达省的宽果河与开赛河之间的地区。在奥文本杜人的东部和南部并被隆达—乔克维人向南扩展而分开的是恩甘哥拉人（Nganguela），他们占总人口的大约 6%。恩雅尼卡—洪贝（Nyaneka-Humbe）人位于奥文本杜人的南部，他们占总人口的 3%。奥万博人占总人口的 2% 左右，主要生活在安哥拉中南部的库内内省（Cunene），靠近纳米比亚。在安哥拉西南角的纳米贝省、本吉拉省（Benguela）和威拉省是赫雷罗人，占总人口的大约 0.5%；像奥万博人一样，他们更多地集中在纳米比亚。在安哥拉的东南角是辛东加人。

在安哥拉的南部，主要是在库安多古班戈省（Kuando-Kubango）、库内内省、纳米贝省和威拉省，可发现一些人口很少、散居在社群中的成群的游牧猎人、采集者和牧民，他们被认为是当地的土著。在 20 世纪以前，这些群体过着游牧或半游牧的生活。这一类人说科伊桑语（Khoisan），不像所谓的班图语群体，他们说着大量被称之为搭嘴音的语言（click languages），这源自于他们独特的声调点击声（tonal click sounds）。科伊桑语群体在体貌特征上也明显不同于邻近群体。他们身材低矮，肤色较浅。其他的狩猎—采集者群体略微不同于科伊桑人的地方在于他们更不爱活动、身材更高、说所谓的班图语。

除了这些群体之外，安哥拉的人口中还有两个重要的少数族群。一个群体由欧洲人，特别是葡萄牙人构成，他们占总人口的大约 1%。安哥拉的欧洲人主要生活在大的沿海城市，比如罗安达和本吉拉，这使安哥拉成为一个多种族国家。

另一个重要的少数族群是欧洲人与非洲人的混血人口（*mestiço*）。跨种族的混居是安哥拉前殖民地时期的一个特征，这在 20 世纪初导致其混血人口超过欧洲人。尽管存在农村混血人口，但他们大部分生活在城市地区，并接受教育。在殖民地时期，许多混血人口能获得被同化人口（*assimilados*）的地位。这是赋予非欧洲人的一种地位，这些人在葡萄牙人的同化政策下已经具备了大量的条件，因此，有资格获得葡萄牙公民。随着安哥拉人融入葡萄牙文化，混血人口一般都认同了葡萄牙的生活方式，并寻求真正与欧洲人同等的地位。绝大多数安哥拉人，也就是没有被同化的安哥拉人（*indigenas*）对混血

8

人口有着深深的怨恨。混血人口现在占安哥拉总人口的大约 2%。

安哥拉的族群之间在西方化和城市化水平上存在很大差异。那些生活在沿海地区的族群与葡萄牙人有更多的互动，因此，比生活在南部和东部的内陆族群更多地受到葡萄牙人的影响。例如，在首都罗安达及马兰热（Malanje）等其他城市周围的西姆邦杜人在安哥拉是城市化水平最高和最西化的人口，因为他们长时间受到葡萄牙人的影响。在殖民地时期，许多城市化的姆邦杜人采纳了葡萄牙的生活方式，接受了西方人的教育和宗教，因此，成为合格的被同化人口。许多人与葡萄牙人结婚，生育了混血儿。

语　言

葡萄牙语是安哥拉的通用语言，这是往日的殖民者葡萄牙遗留的语言。除了这个官方语言之外，在整个国家还说着各种非洲语言，每一种都包含大量的方言。大部分安哥拉人首先都说他们的母语。使用最为普遍的有翁本杜语（Umbundu）、金邦杜语（Kimbundu）和刚果语（Kikongo）。

教　育

在安哥拉西式教育最受推崇，并被视为提高社会和经济地位的手段。孩子教育被其父母置于优先地位。1975 年独立时，安哥拉引入教育改革以扭转忽视黑人教育的殖民教育体系。改革提供了对安哥拉本土语言的教学；不过，更重要的是，改革集中于提高识字率。免费和强制性的小学和中学教育成为国家政策，以帮助提高识字水平和降低成人的文盲率。在独立时，安哥拉的成人文盲率高达85%以上。教育改革带来了入学人数的增加，特别是在小学和中学层次，大学层次也有所增加。

尽管教育改革降低了安哥拉的文盲水平，但是这个国家的教育体系并没有多大改观。财力拮据的安哥拉政府无力满足民众的教育需求。在作为独立国家的大部分历史中，安哥拉将大量的资源投入在国防而不是包括教育在内的社会服务上。因此，政府对教育的资助严重不足。整个安哥拉缺乏必要的教育设备和基础设施，这大大降低了这个国家的教育质量。小学教育没有足够的教室、其他设备以及经过培训的老师，因此，是非常落后的。在2000年，只有大约45%的学龄儿童上了学。师生比非常高，有时候一个老师对应80个学生，并且辍学率也非常高。

对许多安哥拉人来说，高等教育是难以企及的，因为只有少数人能支付得起费用。2005年，安哥拉教育部确定了整个国家7所政府认可的高等教育机构，其中2所是公立的，5所是私立的。主要的公立大学是在罗安达的阿戈斯蒂纽·内图大学（UAN），它在万博和卢班戈有分校。这所大学创办于1962年，当时是作为安哥拉通识教育学院（Estudos Gerais Universitários de Angola）的一部分，采用的是葡萄牙的高等教育体系。1968年，它成为自治的罗安达大学，随后在1972年被更名为安哥拉大学；1985年，为了纪念已故的总统内图，采用了目前的名字——阿戈斯蒂纽·内图大学。这所大学主要有农业、教育、经济学、工程学、法律、医学和科学等系。另一所公立大学是在罗安达的国际关系学院（the Institute of International Relations）。

在私立大学中，最有名的是安哥拉天主教大学（Univerdidade Católica de Angola，UCAN），也位于罗安达。它于 1999 年正式开办，主要教授商学、科学、计算机科学、经济学和法律等专业。其他私立大学包括安哥拉让·皮亚杰大学（Universidade Jean Piaget de Angloa）、安哥拉卢斯埃达大学（Universidade Lusíada de Angola）、安哥拉独立大学（Universidade Independence de Angola）和安哥拉私立高等研究院（Instituto Superior Privado de Angola），它们都提供各种各样的科学、工程学、人文和专业职业等课程。

安哥拉的大学通常缺乏现代设施。阿戈斯蒂纽·内图大学的万博校区甚至在内战期间的大部分时间停办。安哥拉的专科学校也很少，而且设施也较落后。缺乏一个良好的教育体系的主要后果是安哥拉的识字率只有42%。

城　市

罗安达是安哥拉的首都和行政中心，它历史悠久，可追溯至 16 世纪末。它由葡萄牙人于 1575 年建立，随后成为中部非洲大西洋奴隶贸易的中心。成百上千被奴役的非洲人从罗安达被运出中非，送往新大陆，特别是巴西。今天，罗安达是安哥拉最大的城市、主要的港口和重要的商业中心。它主要的工业是石油冶炼，但也存在少量的轻工业，如水泥制造、纺织、塑料和香烟。

罗安达也是一个历史城市，是安哥拉主要的社会和文化中心。因为许多建筑物是葡萄牙殖民统治的遗产，所以葡萄牙对这座城市的影响是十分明显的。这座城市因其众多的文化景点（比如博物馆）和社会活动而受人欢迎。它的社会活动包括具有大众狂欢特征的艳舞——桑巴。

当安哥拉于 1975 年获得独立时，罗安达的人口不足 70 万人。不过，近几十年来自农村的移民使它成为不断延伸的都市中心。内战期间，大量受到战争影响的农村地区的难民持续不断地涌入罗安达。现在罗安达的人口估计已达 400 万人。人口急剧增长导致其拥挤不堪，随之带来诸如卫生系统、水处理、持续供电等社会服务供给不足的严重问题。在城市周围布满了贫民区（musséques），这是无家可归者及其他穷人的住所，在那里贫穷和疾病是家常便饭。

万博市是安哥拉的第二大城市、万博省的首府。它位于农业富庶的中西部高原之上，是一个内陆城市，距离罗安达大约 300 英里。万博的正式名称是新里斯本，是一个有着大约 25 万人口的热闹城市。它是南部非洲重要的公路、铁路和航空运输中心。它的公路和铁路线连接着罗安达和洛比托等重要的沿海城市，也辐射至安哥拉的东部内地以及刚果民主共和国、赞比亚和纳米比亚。该城市也是一个商业中心，运输业是一个重要的产业。万博的出口产品包括水果、谷物、兽皮、大米和毛皮等。

内战期间万博经受了巨大的破坏和摧残。曾在 1993 年和 1998 年两次被 UNITA 叛乱武装包围，攻击造成了大量人员伤亡和人口流失。

　　洛比托是一个有着大约 15 万人的城市中心，由葡萄牙人在 1843 年创建。它位于安哥拉中西部的大西洋沿岸。它是安哥拉仅次于罗安达的重要港口，也是横跨非洲的本吉拉铁路的西部终点。这条异常重要的铁路建成于 1929 年，把洛比托与刚果民主共和国和赞比亚的矿山连接起来，它使得这个城市成为一个主要的商业中心。

12　　本吉拉也在安哥拉西部的大西洋沿岸，是一个有着 15.5 万人口的城市，是本吉拉省的省会。这个城市创建于 1617 年，是除罗安达之外另一个大西洋奴隶贸易的主要港口。依靠这个港口，奥文本杜人控制了中西部非洲奴隶贸易的南部地区。如今，本吉拉是安哥拉的重要商业中心、本吉拉铁路的终点站以及出口商品的重要港口。

　　安哥拉的其他重要城市包括纳米贝港和卡宾达港及内陆城市卢班戈。纳米贝市（旧称木萨米迪什，Mossamedes）位于安哥拉的南部沿海，以生产棉花、烟叶、剑麻、冻肉、兽皮和皮毛而著称，并且出口铁矿石。卡宾达是卡宾达飞地的主要城市，以其丰富的石油资源和石油开发而闻名。卢班戈（旧称沙达班代拉，Sá Da Bandeira），位于安哥拉的西南部，是一个铁路城市和威拉省的省会。

　　像整个国家一样，安哥拉的城市受到漫长内战的严重打击。战争使许多城市的基础设施被破坏。例如，罗安达曾经是一座美丽的城市，被誉为"非洲的巴黎"，但是在战后却失去了昔日的荣光。本吉拉港和洛比托港也因为内战期间对本吉拉13 铁路的大规模破坏而遭受牵连，战争使本吉拉铁路的很长一段无法使用。战争支出吞噬了国家资源的绝大部分，因此无法及时修复被毁坏的设施，也没有余力开展建设项目。因为年久失修，安哥拉的低等级公路每况愈下；电力和通讯系统不断恶化，变得供应不足，甚至在有些地方都无法提供。不过，安哥拉的城市如今正迈向重建。基础设施正在缓慢地修复；铁路和公路正在维修。

资源、职业和经济

安哥拉矿产和农业资源都非常丰富。采矿业是其一项重要的经济事业，是国民收入的主要来源之一。在国家的西北部发现丰富的石油储量，并且主要的石油码头位于罗安达、马隆格（Malongo，在卡宾达省）、帕兰卡（Palanca）和金福克纳（Quinfuquena）等港口。安哥拉是非洲的第二大原油生产国，仅次于尼日利亚。根据安哥拉官方资料，又有新的油田被发现，据说整个国家的石油储量达到 54 亿桶。

安哥拉的石油开采开始于 1960 年代，很大程度被英国石油阿莫科公司（BP Amoco）、雪佛龙德士古（Chevron Texaco）、埃克森美孚（ExxonMobil）、壳牌（Shell）、意大利石油总公司（AGIP）和道达尔（Total）等外国公司所掌控。安哥拉的石油开发扩展迅速，现在石油和天然气产业是其最重要的经济部门，大约占总出口额的 90% 和国内生产总值（GDP）的 45%。1976 年成立了国有公司——安哥拉国家石油公司——来监管石油部门。

仅次于石油的重要资源是钻石，1912 年在安哥拉发现了钻石。中部的比耶省和东北部的北隆达省和南隆达省的钻石矿产丰富。在独立之前，安哥拉是排在博茨瓦纳、俄罗斯和南非之后的世界第四大钻石生产国。安哥拉的钻石公司是安哥拉钻石贸易公司（Sodiam），但生产主要是由钻石工程有限公司（Diamond Works）和阿什顿矿业公司（Ashton Mining Company）等外国公司所操控。内战期间，非法钻石交易很猖獗。UNITA叛乱者主要就是利用被占领的矿山，来支持他们继续开展战争。自从内战结束后，为了规范生产和增加开发，安哥拉对钻石产业实行了更加严格的国家控制。尽管非法钻石交易已大为减少，但仍未被彻底消除。

其他矿产资源也是安哥拉经济的重要组成部分。铁矿石也是一个主要产品，但内战期间由于对矿山的破坏，商业生产大幅下降。安哥拉还生产铜、黄金、磷酸盐、铝钒土、铅、锌和铀。

充足的可耕地为安哥拉种类繁多的农业资源提供了保证，这些资源既出口，也自用。咖啡是最重要的出口作物，主要在安哥拉北部生产。其他出口作物包括剑麻、木材、棉花、棕榈油生产、橡胶、甘蔗、玉米和烟叶。自给农业占安哥拉 GDP 的不到 15%，但仍然很重要。因为绝大部分的安哥拉人（接近总人口的 90%）从事这个部门的经济，为他们提供了主要的生计来源。主要的自给农业产品是木薯、芭蕉和蔬菜。

除了森林产品之外，牲畜和渔业也是安哥拉经济的组成部分。畜牧业，特别是饲养牛、绵羊、山羊和猪在安哥拉的热带草原地区非常普遍。因为凉爽的本吉拉离岸海流，造就了安哥拉沿海地区丰富的海洋生物，因此，成为重要的渔业活动地区。实际上，安哥拉是渔业产品的著名出口国，出口产品主要有鲭鱼、金枪鱼、贝类、沙丁鱼等。很多外国公司活跃于安哥拉生机勃勃的渔业中。

对外贸易在安哥拉经济中非常重要。主要出口的是原料产品，比如原油和成品油、天然气、钻石、咖啡、木材、棉花、鱼和鱼产品。安哥拉的总出口额在 2003 年是 97 亿美元，主要出口至西方和亚洲国家。[①] 美国最近成为安哥拉的主要贸易伙伴，并取代葡萄牙成为安哥拉首要的出口目的地。美国与安哥拉贸易的稳步增长明显体现在，美国在非洲全部进口的大约五分之一来自安哥拉。2003 年，美国从安哥拉的进口达到 43 亿美元左右。[②] 它的主要进口产品是石油，美国的石油公司在这个领域非常活跃。不过，除了石油之外，美国也从安哥拉进口化学制品及相关产品、其他矿产品和金属产品。安哥拉的其他重要出口伙伴包括德国、英国、法国、荷兰、比利时、西班牙、中国大陆、中国台湾和日本。

由于缺乏工业制造业基础，安哥拉的对外贸易也包含对制造品的大规模进口。它首要的进口国仍是葡萄牙，接下来是美国、巴西、法国、西班牙和荷兰。进口产品从汽车和其他重型机械（包括零部件和军事装备），到电子产品、药品、纺织品

① "安哥拉的出口"（Angola Exports），《中央情报局世界概况》（*CIA World Factbook*）。

② "与安哥拉的贸易：2003"（Trading with Angola：2003），美国人口调查局对外贸易部门数据发布机构（U. S. Census Bureau, Foreign Trade Division, Data Dissemination Branch）（Washington, DC：2003），http：// www. census. gov/foreign-trade/balance/c7620. html#2003.

和食品。2003 年，安哥拉的进口额超过 40 亿美元。①

不过，安哥拉的资源优势并没有转化为经济发展与繁荣，其经济依然非常落后。内战期间，安哥拉的货币——宽扎（kwanza）——不断贬值，导致居民的生活水准直线下降。宽扎于 1977 年取代了埃斯库多（escudo）。尽管安哥拉的经济欠发达部分地与对公共资金和资源的管理不当有关，但更主要的因素是灾难性的内战，它吞噬了这个国家大部分资源创造的财富。政府支出巨大的石油收入来进行战争，而来自非法钻石开采和出口的收入很大程度用于支持 UNITA 的叛乱武装。因此，在大约 25 年里，安哥拉资源的绝大部分转化为军事开支。在1990 年代的大部分时期，安哥拉的武器进口在非洲名列前茅，仅 1997 年就花费 12 亿美元购买军事装备和武器。②

尽管左倾的 MPLA 政府统治多年，但安哥拉有着一个公共和私营部门并存的混合经济体系。安哥拉的私营部门主要由小规模的企业构成，大部分大规模产业由政府控制。产业发展速度很慢，2000 年的时候，生产增长率只有可怜的 1%。主要的加工制造业是天然气生产、金属制品、纺织品、水泥和玻璃生产、冲泡饮料，以及鱼类和食品加工。国外机构主要活跃于国家的矿产资源开发，特别是石油部门。

---

① "安哥拉的进口"（Angola Imports），《中央情报局世界概况》（*CIA World Factbook*）。

② 参见 "世界军费开支和武器转让：1998"（World Military Expenditures and Arms Transfers，1998），美国军备控制与裁军署（U. S. Arms Control and Disarmament Agency），http：//www.globalsecurity.org/military/world/spending.htm.

独立后近 30 年，安哥拉经济的欠发达主要体现在缺乏充足的基础设施，比如良好的交通体系、住房和教育，以及充足的卫生保健服务。因为工业生产受到严重阻碍，所以安哥拉的日常必需品严重依赖于进口。大部分人口（大约 85%）从事小生意和自给自足型农业。由于大量的截肢者、地雷的受害者和背井离乡的难民，安哥拉的很大一部分人口处于失业状态。由于高失业率，贫穷非常普遍；实际上，超过 80% 的人口身处贫困境地。

在安哥拉，食物匮乏是尤为紧迫的问题。在内战期间，几乎在安哥拉全境农业都被迫中断，导致这个国家的很多地方发生饥荒。不过，自战争结束后，安哥拉农业的首要任务——自给自足——仍面临着生产问题。基础设施非常缺乏，大部分常用种子必须进口，这推高了食物价格。实际上，安哥拉的许多地方都报道了食物危机，它们大部分发生在由于糟糕的路况不能得到地方政府官员帮助的农村人口中。例如，2003 年末在卡马库阿（Camacua）地区，据报道面临食物短缺的温普洛（Umpulo）人已诉诸于吃野生的动物、蜂蜜和蘑菇。① 不过，大量国际援助机构的工作在某种程度上改善了安哥拉一些严重的经济和社会问题。这些机构为那些最需要帮助的地方提供了食物和药品。

不过，自 2002 年冲突停止以来，安哥拉的经济已经有了

① 参见"比耶：温普洛人面临食物危机"（Bié：Umpulo Population Faces Food Crises），安哥拉国家通讯社（Angola Press Agency），2003 年 9 月 4 日。http：//www.angolapress-angola.ao/index-e.asp。

17 　　一些起色。政府已经着手经济改革计划，以稳定经济和减少贫困。国家对经济的控制已经放松，并且许多国有企业已被私有化。私人投资也受到鼓励，并且公共审计系统重点遏制严重的腐败。政府已经成功地将通货膨胀从 2000 年的 325% 降低到 2002 年的 106%，并且已经看到进一步降低的迹象。另外，安哥拉已经将外债从 1999 年历史最高的 105 亿美元降低到 2003 年的 92 亿美元。[①] 对外贸易也明显增加了；目前美国在非洲的第三大市场是安哥拉，排在南非和尼日利亚之后。因为安哥拉自然资源丰富，所以如果这些资源得到适当地管理，那么这个国家的经济快速发展的潜力是巨大的。

政　府

　　1975 年独立后，安哥拉成为一个一党制国家。名义上，1975 年 11 月 11 日的独立宪法（已被修订过多次）宣称在法治的基础上建立一个民主的国家，并据此保证公民的基本人权和政治权利。宪法通过一个代议制政府将权力委托给人民，选举程序规定了周期性选举和普遍的成人投票权。

　　安哥拉的政府由总统领导，他是国家主席、军队最高统帅和政府首脑。总统以直接选举的方式根据绝对多数票选举出来，总统的任期是 5 年，有资格参与下一轮选举。总统掌管由总理、内阁部长、国务卿及其他国家官员构成的行政机构。总

----

① "安哥拉的外债"（Angola External Debt），《中央情报局世界概况》（*CIA World Factbook*）。

理占据一个名义位置，并对总统负责，他定期和直接向总统汇报国家政策事务。最主要的政府部门有教育和文化部、国防部及国家警察总局，它们都由总统的任命者来领导。

由 220 名成员构成的一院制的立法机构——国民议会——制定国家法律。其中 130 名议员通过比例投票选出，其余的来自各省区，任期为 4 年。安哥拉的司法体系很大程度上基于葡萄牙的法律体系，也融合了习惯法的成分。最高法院是对整个国家拥有司法权的最高法院。为了适应政治多元主义和自由企业经济的需求，安哥拉的法律体系最近有所修改。

18

（1）行政区划

在行政上，安哥拉被分成若干省，每个省又进一步被划分为市（council）和镇（commune）。18 个省由总统任命的省长来领导。每一级地方政府都有一个国家官员来代表执政党 MPLA。在独立后的许多年里，政府不能对整个国家实施有效的控制，因此，一些省非正式地被 UNITA 所掌控。下表是安哥拉 18 个省及其省会城市。

19

表 1　安哥拉的省及其省会城市

省　份	省　会
本戈省（Bengo）	卡西托（Caxito）
本吉拉省（Benguela）	本吉拉（Benguela）
比耶省（Bié）	奎托（Kuito）
卡宾达省	卡宾达（Cabinda）
库安多古班哥省（Cuando Cubango）	梅农盖（Menongue）

续表 1

省　份	省　会
北宽扎省（Cuanza Norte）	恩达拉坦多（N'Dalatando）
南宽扎省（Cuanza Sul）	松贝（Sumbe）
库内内省（Cunene）	翁吉瓦（Ondjiva）
万博省（Huambo）	万博（Huambo）
威拉省（Huíla）	卢班戈（Lubango）
罗安达省（Luanda）	罗安达（Luanda）
北隆达省（Lunda Norte）	卢卡帕（Lucapa）
南隆达省（Lunda Sul）	绍里木（Saurimo）
马兰热省（Malanje）	马兰热（Malanje）
莫希科省（Moxico）	卢埃纳（Luena）
纳米贝省（Namibe）	纳米贝（Namibe）
威热省（Uíge）	威热（Uíge）
扎伊尔省（Zaire）	姆班扎刚果（M'Banza Kongo）

（2）政党和政党政治

作为一个一党制国家，实际上，直到 1992 年安哥拉的政治体系都是不太民主的。自 1975 年独立以来，执政党一直是MPLA，最早是在国家的首任总统阿戈斯蒂纽·内图的领导之下，从 1979 年 9 月以来由现任总统何塞·爱德华多·多斯·桑托斯领导。后者已经在位超过 25 年，起初在没有反对的情况下掌权。安哥拉历史上的首次多党选举只在 1992 年 9 月发生过，MPLA 以一个有争议的结果维持了统治地位。反对力量最近开始要求新的投票，以选出一个新的国民议会和一位新总统。尽管多斯·桑托斯已经建立一个宪法委员会，以解决新选举的运作模式，但是截至 2004 年中期政府仍未发布一个新的选举日程，也未建立一个选举委员会。

MPLA 无可争议地是安哥拉最重要的政党，它已经单独掌权长达四分之一个世纪。这个党诞生于 1956 年争取安哥拉独立的游击队运动。当安哥拉在 1975 年独立时，MPLA 转型为一个政党，并且它的领袖阿戈斯蒂纽·内图成为共和国的总统。MPLA 于 1977 年正式采纳马克思列宁主义的意识形态，并将自己更名为安哥拉人民解放运动—劳动党（MPLA – PT）。从 1975 年以来，安哥拉的政治主要由 MPLA 支配。选举竞争主要发生在作为该党政治成员的候选人之间。1991 年 4 月，MPLA 正式取消了马克思主义作为法定的国家政策，并开始了自由市场之路。

20

形成于 1966 年的 UNITA 是安哥拉的第二大党，它最初也是一支游击队运动力量，反抗葡萄牙殖民统治的三大运动组织之一。它的创始人是若纳斯·萨文比，是安哥拉最有争议的政治领导人之一。在独立后的权力斗争中，UNITA 败给了MPLA，尽管它和 MPLA 一起赢得了解放战争，但很快成为了一个反叛组织，这使得 MPLA 政府陷入长时间的武装抵抗，从1975 年开始就几乎没有停止过，一直持续到 2002 年。

在 1991 年 MPLA 和 UNITA 之间的停火协议中，政府承认UNITA 是一个合法的政党，并允许其在以后参与总统和议会的多党选举。在 1992 年 9 月 29 和 30 日举行的选举中，MPLA 赢得了 54% 的选票，UNITA 赢得了 43%。在总统选举中，多斯·桑托斯赢得了 49.6% 的选票，击败了赢得 40.1% 选票的萨文比。[①] MPLA 的胜利并没有实现与 UNITA 的和平共处。萨文比宣称存在广泛的选举欺诈，质疑并拒绝选举结果，并将 UNITA 撤出排定时间的决胜选举。此后停火协议失效，安哥拉再次回到冲突状态。

不过，在国民议会中，少量的民主继续以多党制的形式存在，在那里，较小党派能赢得席位。实际上，值得称道的是，安哥拉有着一系列不同政治派别的小党，从保守主义到权威主义和极左派。FNLA 最初是由奥尔登·罗贝托创立于 1962 年的民族主义运动，以开展反抗葡萄牙的解放战争。除了更为人知的 FNLA 之外，其他的小党包括安哥拉民主联盟（the Aliança Democrática de Angola）、安哥拉民主论坛（Fórum Democrática Angolano）、民主进步党/安哥拉国家联盟党（Partido Democrático para Progreso/Aliança Nacional Angolano）、解放民主党（Partido Liberal Democrático）、安哥拉国家民主党（Partido Nacional Democrático Angolano）、社会重建党（Partido Renovador Social）、民主重建党（Partido Renovador Democrático）、社会民主党（Partido Social-Democrata）、安哥拉共和党（Partido Republicano de Angola）和安哥拉全国民主联盟（União Democrática Nacional de Angola）。

在安哥拉的一党制下，对人权的违反很常见。不容忍政治反对力量的存在，反对分子和持异见者经常受到迫害。内战岁

---

① 关于选举结果的详细情况，请参见"安哥拉的选举"（Elections in Angola），《非洲选举数据库》（*African Elections Database*），http://africanelections. tripod. com/ao. html#1992_ Presidential_ Election.

月，特别是后期，可以看到冲突双方都有大量践踏人权的举动。滥杀无辜、任意拘捕和监禁、强迫征兵（特别是儿童）、强奸和其他形式的虐待都非常普遍。

历　史

（1）早期历史

我们对如今的安哥拉在石器时代的情况所知甚少。广为人知的是，这片土地上起初是由大量的狩猎—采集的科伊桑部落所居住。这些土著部落的物质文化相当简单。他们没有建立中央集权的国家或复杂的政治体系。他们的经济活动主要集中于在森林狩猎野生动物和采摘野果。不过，逐渐出现了一些动物饲养，主要是饲养绵羊和牛。①

在 7 世纪和 13 世纪之间，新的族群，即所谓的班图人，来到安哥拉地区，并驱逐土著居民。这些新来到的班图人统治了这个地区，一直到 15 世纪末首批欧洲人（葡萄牙人）的来到。

（2）王国和国家

前殖民地时期，安哥拉人建立了许多国家和王国，有些很

---

① 关于科伊桑人的更多资料，请参见巴纳德（Barnard），《南部非洲的猎人和牧人》（*Hunters and Herders of Southern Africa*）；布恩扎伊尔（Boonzaier）、马勒布（Malherbe）、史密斯（Smith）和贝伦斯（Berens），《海角牧人》（*The Cape Herders*）；斯泰恩（Steyn），《消失的生活方式》（*Vanished Lifestyles*）。

强大，而有些则很弱小。国家一般拥有一个中央集权的执政当局，统治者在族长的帮助下行使权力，并为民众立法。大部分国家拥有军队，统治者藉此进行战斗以扩张或防御他的王国。实际上，前殖民地时期的安哥拉经历了大量的国家间冲突，特别是起源于贸易竞争的冲突。联合欧洲人对沿海地区奴隶贸易控制权的竞争是冲突的经常性原因。

在前殖民地时期的安哥拉，恩东戈是最强大、最兴盛的国家。在一段时间里，它与刚果王国相竞争，这个王国是西南部非洲最显赫的国家，位于如今的刚果民主共和国靠北的地方。创建于15世纪的恩东戈王国因其一连串的强力女性统治者而著称。这些女性统治者的首位和最有名的一位是恩津加·姆邦德（Nzinga Mbande），她是从大约1582年到1663年当政的一位战神。恩津加在1624年的继位纷争中夺取王位，根据某些人的说法，她是一位残忍的暴君，沉迷于滥杀无辜。不过，在另些人眼中，她是一位女英雄，建立了一支训练有素、所向披靡的军队，藉此她赢得了许多战斗，特别是抵抗葡萄牙人在安哥拉地区扩张的战斗。恩津加统治时期是非洲人早期抵抗欧洲人在非洲的帝国主义企图的一个例子。

到16世纪早期，大量的姆邦杜人建立的王国出现了，最有名的是马坦巴（Matamba）王国和卡桑杰（Kasanje）王国，二者都位于恩东戈王国的东部。尽管在宽果河上，马坦巴王国是独立的，但它有时要向强大的刚果王国进贡。直到19世纪的大部分历史时期，马坦巴王国致力于与葡萄牙人的斗争，以减少他们在王国的影响。尽管卡桑杰王国是一个姆邦杜王国，但在大多数情况下它由因班加拉人（Imbangala）统治。其他

22

有名的前殖民地国家是由奥文本杜人建立的，它们包括比耶王国、拜隆杜（Bailundu）王国和赛亚卡（Ciyaka）王国。

（3）奴隶贸易时期

葡萄牙人是第一批活跃在非洲大地上的欧洲人。在 15 世纪，他们作为探险家来到非洲大陆，随后他们从佛得角群岛来到安哥拉，发现了非洲的西海岸。接下来，在刚果王国的沿海地区建立了据点，并保持与刚果王国的贸易和外交关系。起初，他们的贸易兴趣集中在贵金属，比如铜。

传教工作是葡萄牙人另一项最初的活动，特别是在刚果人中传教。传教士与刚果王国的国王（Manikongo）宫廷保持着紧密的关系。这些关系在国王恩津加·恩库武（Nzinga Nkuwu）及其继任者恩津加·姆本巴（Nzinga Mbemba）皈依了基督教后得到顶峰，恩津加·姆本巴在受洗时被命名为阿方索一世（Afonso Ⅰ）。在刚果，宗教信仰的改变已超出国王宫廷范围，扩展至平民。刚果人皈依罗马天主教在 15 世纪非常普遍。[①]

到了 16 世纪初，葡萄牙人几乎放弃了对贵金属的需求，此时他们主要的兴趣是与中部非洲的内陆族群进行奴隶贸易。在更靠南的地方，葡萄牙人在安哥拉发现了一块合适的土地，

---

① 对刚果的早期基督教的重要研究，可参见桑顿（Thornton），《刚果人的圣安东尼》（*Kongolese Saint Anthony*）；斯威特（Sweet），《重塑非洲》（*Recreating Africa*）；约翰·桑顿（John Thornton），"非洲天主教会在刚果王国的发展"（The Development of an African Catholic Church in the Kingdom of Kongo）。

以为他们的美洲新大陆殖民地采购奴隶。它就是创建于 1575 年的罗安达,它是他们主要的奴隶贸易港口,尽管它曾于 17 世纪中期短暂地落入荷兰人手中。在 1500 年至 1850 年间估计有 400 万人被从安哥拉运送出去。①

(4) 殖民地时期

虽然到 15 世纪末,葡萄牙人已经在罗安达附近的安哥拉海岸站稳脚跟,但直到 20 世纪初葡萄牙人才开始对今天所属的安哥拉地区实施正式的殖民统治。这是在征服了像奥文本杜、乔克维和比耶等许多族群之后发生的。这些族群已对葡萄牙人的入侵进行了数个世纪的军事抵抗,一直持续到 20 世纪。例如,姆邦杜人的抵抗最终失败于 1902 年,奥文本杜人失败于 1903 年,乔克维人失败于 1914 年。②

在镇压了安哥拉人的反抗之后,葡萄牙建立了一套正式的行政机构来实行殖民统治。它建立了类似于葡萄牙的政治、经济和社会机构。里斯本的殖民主义意识形态是同化,通过同化政策,葡萄牙试图按照葡萄牙式的发展路线来改造安哥拉,意

① 对大西洋奴隶贸易的人口统计研究已提出各种数据。最可信的数据,请参见洛夫乔伊(Lovejoy),《奴隶制的转型》(*Transformation in Slavery*),第 19、46~62、81 和 146 页;对奴隶人口统计的一个批评,也可参见伊尼克瑞(Inikori),"非洲与跨大西洋奴隶贸易"(Africa and the Trans-Atlantic Slave Trade),第 405~409 页。

② 罗德尼(Rodney),"欧洲人在安哥拉的活动及非洲人的反抗"(European Activity and African Resistance in Angola),第 63~64 页;惠勒(Wheeler)和佩里希尔(Pelissier),《安哥拉》(*Angola*),第 171 页。

在将安哥拉人融合进被认为是优越的葡萄牙文化。安哥拉也将被作为葡萄牙的一个海外省，它的人民被授予葡萄牙公民资格。

1951 年，安哥拉被正式宣布为葡萄牙的一个海外省。在理论上，安哥拉人现在是所谓的黑葡萄牙人，他们也能要求与生活在葡萄牙的其他葡萄牙公民同样的公民权利和政治权利。这意味着，他们可以选举自己的代表进入在里斯本的葡萄牙议会。然而，实际上，只有非常少的安哥拉人曾被融合进葡萄牙的文化和被授予葡萄牙公民资格。在殖民地安哥拉的大部分领域，这些被同化人口并未拥有实际的政治权力，但他们比未被同化的绝大多数安哥人享有更多的特权。未被同化人口没有基本的公民和政治权利，并且要遭受大量有种族偏见的法律和强迫劳动。

葡萄牙在非洲的殖民制度是落后的、残忍的，且带有种族偏见。虽然殖民当局狠毒地剥削安哥拉的人力和物质资源，但却拒绝安哥拉人享有他们国家的财富的大部分好处。比如，殖民制度严格限制教育机会，直到 1975 年独立时，安哥拉人的识字率非常低。殖民当局也没有为被殖民的人口提供充足的社会服务。①

不像诸如英国和法国等其他欧洲殖民帝国，在这些殖民帝国，民族主义运动在二战后就开始了，而在葡萄牙的殖民地民族主义运动则出现得较晚。这可能部分地因为，葡萄牙高压性的殖民制度宣布任何对殖民当局的反抗都是非法的，而且残酷

---

① 对葡萄牙在非洲的殖民统治的简要分析，请参见法罗拉（Falola），"殖民主义与剥削"（Colonialism and Exploitation）。

地镇压反抗殖民地的暴动。

一开始，葡萄牙并没有鼓励白人迁移到安哥拉定居。不过，在1951年安哥拉被正式宣布为葡萄牙的海外省之后，这种情况就改变了。在此之后，葡萄牙的移民者大批到达。尽管安哥拉人遭受从属地位，并被视为二等公民，但这些移民者却被赋予特殊的政治和经济权力。特别重要的是，通过殖民地政府的土地侵占体制，迁移者取得了对土地的控制。大规模的土地侵占将最肥沃的土地转给了葡萄牙移民，而且在殖民地经济中安哥拉人的主要角色是为欧洲人的农场提供劳动。在安哥拉独立前夕，大约有50万葡萄牙人和其他欧洲人把安哥拉作为他们的永久居住地。像莫桑比克和几内亚比绍等其他葡萄牙殖民地那样，安哥拉实际上沦为移民者的殖民地。

（5）独立战争时期

葡萄牙在安哥拉倒行逆施的殖民制度不仅延缓了反殖民地的暴乱，而且也使得武装斗争不可避免。殖民当局对反殖民行动的不容忍只是起到了将民族主义抗争转为地下的作用。从1950年末起，民族主义组织开始形成，因为殖民统治者的镇压，这些组织主要立足于安哥拉之外，并以流亡的方式运作。反殖民的情绪最终在1961年爆发，这时普遍的民族主义暴动发生了。面对葡萄牙军队的残酷镇压，安哥拉的民族主义领导者认识到武装斗争不可避免，许多领导者都被迫流亡至邻国。

随后的武装斗争最终导致安哥拉在1975年的独立，这些武装斗争由三个主要的革命运动组织所发动，即安哥拉人民解放运动（MPLA）、安哥拉民族解放阵线（FNLA）和争取安哥

拉彻底独立全国联盟（UNITA）。马克思主义取向的 MPLA 由
阿戈斯蒂纽·内图创建于 1956 年，起初主要基于邻国赞比亚
开展斗争。1961 年 2 月，它着手发动了一次反抗葡萄牙人的
武装斗争，以结束葡萄牙在安哥拉的殖民统治。FNLA 参加了
战斗，它是由奥尔登·罗贝托于 1962 年在刚果创建的另一个
流亡运动组织。若纳斯·萨文比于 1966 年创建的 UNITA 是独
立战争期间的第三个主要的游击队组织。这些民族主义运动组
建了他们的军事组织，这使葡萄牙人陷入了非洲历史上最血腥
的游击战之一。

　　葡萄牙用铁腕手段来应对安哥拉的解放战争。在大多数情
况下，战争在军事上对安哥拉人来说并不顺利。甚至在斗争的
第一年，安哥拉人的战争伤亡达到近 5 万人，另外有 50 万人
逃亡至刚果民主共和国。安哥拉糟糕的军事表现可归结为两个
因素。第一，解放军无法对抗葡萄牙有效的镇压叛乱活动，葡
萄牙拥有出色的军事技术和火力装备。第二，游击队运动在对
抗葡萄牙人时没有实现意图和战略上的统一。不是联合抗击共
同的敌人，而是各自为战。这些运动组织之所以缺乏联合，不
仅是因为族群和地区差异，而且还因为政治和意识形态上的不
同。这三个运动组织并没有统一的民族观和诉求；每一个都从
不同的族群和地区获得支持。MPLA 的权力基础在沿海西北部
的翁本杜人中。它的马克思主义倾向与 FNLA 和 UNITA 的自
由放任意识形态相抵触。FNLA 和 UNITA 也有它们自己的地区
诉求和权力基础。FNLA 是一个基于中北部地区的组织，在刚
果人中受欢迎。UNITA 的支持和力量主要来自于中部省份的
奥文本杜人。除了这些民族主义运动之间的不一致之外，还有

25

它们在领导权上的争夺和对个人私利的追求。在独立战争期间的民族主义运动中不能形成统一阵线，最终这种不统一蔓延至独立后，将安哥拉拖入内战。

葡萄牙相对于游击队武装的军事优势不一定转化为殖民国家在战场上的胜利。虽然对民族主义者而言战争并不顺利，但他们锲而不舍地坚持战斗。不过，一个远离前线的事件将改变战争的进程。1974 年 4 月 25 日，葡萄牙武装部队发动的一场政变推翻了葡萄牙首相马尔塞洛·卡丹奴（Marcelo Caetano）的政府。在某种程度上，里斯本的暴动得到了在非洲的葡萄牙殖民地正在进行的解放战争给葡萄牙带来的巨大人力和物质代价的响应。不仅安哥拉在与殖民当局做斗争，而且莫桑比克也在反抗殖民统治。葡萄牙的军队明显不能击败游击部队，这开始使战争在葡萄牙变得极为不受欢迎。承受着战争煎熬的军队变得厌战，且遭受不断上升的伤亡。为战争支出款项的普通纳税人也对不可能取得军事胜利的战争不再心存幻想。

葡萄牙的新政府正确估计了战事后方的情绪和安哥拉独立不可避免的现实。在认识到继续压制安哥拉人的独立渴望是徒劳的之后，葡萄牙政府在 1974 年 5 月与安哥拉的民族主义者进行停战谈判，举行了将导致旷日持久的战争结束的和平对话。在停火协议之后，和平对话导致 1975 年 1 月艾维尔协议（Alvir Agreement）的签署，葡萄牙同意安哥拉独立。1975 年 11 月 11 日，安哥拉的独立正式成为现实。

（6）安哥拉内战

艾维尔协议为安哥拉在 1975 年的独立铺平了道路，三个主要的民族主义运动组织同意建立一个民族联合政府，在政府中各个组织将分享权力。但是这个安排并没有实现，因为在独立后不久，三个解放运动组织就开始兵戎相见。在战后的权力斗争中，MPLA 控制了政府，并且其领导人阿戈斯蒂纽·内图作为安哥拉独立后的首任总统在罗安达就职。

其他两个民族主义运动组织 FNLA 和 UNITA 以万博为基地建立了一个联合政府，以流血冲突来反对 MPLA。尽管截至 1976 年在罗安达的 MPLA 政府控制着国家的大部分，但是它并不能立即击败 FNLA 和 UNITA 的军队。不过，1984 年，FNLA 退出了战争，但是 UNITA 带着狠毒的愤怒继续斗争，并且占领了相当大的地区，特别是内陆地区。

MPLA 获得了非洲统一组织（OAU）的承认，OAU 认为它是安哥拉的合法政府。这对政府来说是一次重要的外交提升，因为现在可以指望非洲国家的重要支持，并且得到世界上大部分国家的承认。不过，战争远不止是非洲人的事务，超级大国的冷战政治利用了这个冲突。有着马克思主义意识形态倾向的 MPLA 在 20 世纪 70 年代和 80 年代得到了苏联、东方集团国家和共产主义古巴在外交和军事上的支持。另一方面，美国支持 FNLA 和 UNITA，为他们提供军事装备。当 FNLA 退出战争，美国在 20 世纪 80 年代末继续为 UNITA 提供军事装备。美国人认为，马克思主义倾向的 MPLA 是苏联手中的一个工具，以此扩展苏维埃意识形态在具有战略重要性的南部非洲地区的影响。于是，美国试图把 UNITA 作为堡垒来对抗苏联的影响。UNITA 也得到了实行种族隔离制度的南非的军事支持。

战争愈演愈烈，并开始给安哥拉带来直接的消极影响。由于欧洲人带着他们的技术和投资离开，安哥拉的经济马上受到影响。随着生产衰退，并且所有可用的资源都服务于战争，经济迅速恶化。随着大量人口流离失所，许多人逃亡至邻国（尤其是刚果民主共和国），大规模的难民问题使经济状况更加糟糕。

1991 年 3 月，战争双方达成停火，MPLA 政府同意建立一个多党制的安哥拉。这样，包括 UNITA 在内的所有政党都被承认为合法。在 1992 年 9 月举行的多党选举中，多斯·桑托斯获胜，MPLA 占据了议会中的大部分席位。UNITA 领袖若纳斯·萨文比拒绝承认联合国监督的选举结果，他宣称存在选举舞弊，这将国家再次拖入战争的深渊。重燃的且更具破坏性的战火一直延续到 1994 年 11 月，此时双方草拟了另一份和平协议。在 1995 年 5 月，多斯·桑托斯和若纳斯·萨文比在赞比亚签署了新的和平协议——卢萨卡协议（the Lusaka Protocol）。

到签订卢萨卡协议时，UNITA 的实力已经受到严重削弱，无疑这是促使萨文比走到谈判桌前的主要原因。根据协议，UNITA 同意裁撤和遣散它的士兵，并将其高级将领整编进安哥拉国家军队的计划。协议也规定，安哥拉政府的统治扩展至UNITA 控制地区。协议的实施将在联合国维和部队的支持下进行，维和部队于 1995 年 6 月抵达安哥拉。

不过，卢萨卡协议并未执行下去。并没有像设想的那样遣散 UNITA 的军队，将其部队整编进安哥拉国家军队的计划也没有完全实现。尽管在 1997 年，组建了一个新的联合政府，即团结和民族和解政府（GURN），这个政府包含了 UNITA 的干部，但是和平、稳定和安全并没有回到安哥拉。1998 年，

停火协议失效，冲突再起。MPLA 暂停联合政府，谴责 UNITA
不遵守其在卢萨卡协议中的义务。政府也宣布萨文比是一个不
受欢迎的人，此后拒绝与之共事，而是与在一个分裂集团领导
下的新的 UNITA（UNITA-Renovada）共事。①

　　重新开始的战争对于 UNITA 来说并不顺利，到 1999 年末
政府军取得了上风。UNITA 处于弱势的部分原因在于，它以
前从钻石贸易中获得收入来维持其战争行动，但现在则因对战
争钻石销售的新的国际禁运制度而受到严重限制。不过，使战
争走向结束的决定性因素是 UNITA 的领导人若纳斯·萨文比
于 2002 年 2 月 22 日的战斗中死亡。随着其领导人的死亡，
UNITA 与政府签署了停火协议。这样，超过 25 年的血腥和残
暴的安哥拉内战终于结束了，同时也留下巨大的战后创伤。

（7）内战之后时期

　　安哥拉内战的人力和物质代价是无法想象的。战争夺走了
200 万人的生命，使数百万人流离失所，造成了大规模的难民
问题，引发了族群之间的猜疑和仇恨。它也导致了全国范围内
基础设施的损毁，公路、桥梁、医院、学校和通讯系统都遭到
破坏。安哥拉虽然有丰富的资源，但至今仍是最贫穷的非洲国
家之一，这都是因长期的内战所致。在内战期间，农业产量急
剧下降，这也导致普遍的饥荒，因为安哥拉人无法养活自己。

　　在 2002 年战争结束后，安哥拉开始了国家和解和重建之

---

① 对卢萨卡和平进程的讨论，请参见人权观察组织（Human Rights Watch），
　《解密安哥拉》（*Angola Unravels*）。

路。从那时起，国家努力进行经济恢复和政治改革。重建的艰巨任务得到了国际人道主义援助的帮助，特别是在医疗保健和粮食救济上。甚至在战争结束之前，诸如国际医疗队（the International Medical Corps，IMC）和无国界医生（Doctors without Borders，DWB）等组织就已经积极活跃在帮助安哥拉重建其瘫痪的医疗系统和基础设施中。IMC通过免疫项目和培训医疗保健人员继续为安哥拉人在母亲和儿童医疗保健领域提供帮助。

战后重建最重要的挑战之一是排除在内战期间埋下的地雷。参与战争的各方——政府军、UNITA叛军、古巴和南非的军队——都广泛使用了地雷。据估计，在战争结束后，仍有大约2000万枚地雷遍布安哥拉的18个省。据说安哥拉是全世界地雷问题最严重的国家。地雷是被杂乱无章地埋设的，没有任何形式的地图。结果，排雷任务是代价高昂、危险、缓慢且繁琐的。

文化问题

尽管有两次战争的摧残，安哥拉丰富和多样的文化仍得以保存。传统的价值与现代的欧洲—基督教的西方价值并存，二者共同界定了安哥拉的文化特征。尽管殖民主义和基督教化给安哥拉带来了现代化和西方化，但其古代传统仍得以留存。前殖民地时期的政治、社会和宗教制度仍在安哥拉文化中占有非常重要的地位，特别是在农村居民那里。

西方文化在安哥拉传播的主要手段是基督教。罗马天主教

30

的力量是非常强大的，可追溯到 15 世纪葡萄牙推行的改变信仰时期。除了殖民地体制之外，传教士普及了西方的教育和价值，但是新文化的传播并非均匀分布。大西洋沿海地区和城市中心受到葡萄牙的影响更强烈和长久，因此，比农村和内陆地区更多地为新文化所同化。例如，西方的价值在罗安达和本吉拉等港口城市居于主导地位，因为那里有大量的欧洲人口和长期居民。

很大程度上是因为数个世纪的大西洋奴隶贸易，大量的安哥拉人被运往新大陆，所以在今天安哥拉的文化元素可以在那里发现，特别是在巴西。

2　宗教和世界观

　　在他们所做的几乎一切事情中，安哥拉人都受到他们的宗教观以及他们对生活、人的存在及宇宙的信仰和观念的影响。实际上，宗教和世界观在安哥拉人的日常活动、关于当前和未来活动的思考方式和决策、人际和群体关系，甚至在生命、死亡和死后等问题中都扮演着核心作用。在很大程度上，个体和群体的认同也由宗教来界定。

　　安哥拉人笃信宗教，不管他们信仰的是基督教、伊斯兰教或传统宗教，他们都重视和非常尊重宗教事件、仪式和典礼。全国性的宗教节日、各种宗教庆典相当普遍且经常举办。

　　安哥拉的宪法明确保护宗教信仰的自由表达。它也防止基于宗教归属对任何人的歧视，不管是在私人场合，还是在公共场合。因为世俗政府在政教分离的原则下实施治理，所以安哥拉的政府和其他政治机构都不得干预宗教。只要它们在法律的边界内行动，没有对国家利益和安全构成威胁，所有的宗教机构都被期望受到尊重和平等对待。

　　不过，实际上安哥拉并没有一直容忍宗教的意识形态。1991年国家放弃马克思主义而接受自由企业的意识形态之前，左倾的安哥拉人民解放运动（MPLA）政府持有传统的马克思列宁主义宗教观，认为宗教是陈腐过时的，且对国家现代化是有害的。基督教是安哥拉的主要宗教，它是殖民者的遗产。基督教曾被政府视为葡萄牙帝国主义的一个工具。即使安哥拉独立后的许多管理者是教区学校培养出来的，但由于奉行马克思主义，阻止他们正式承认或信仰宗教。尽管马克思列宁主义的政府并没有对宗教进行官方支持，但也不反对宗教机构的存在。不过，1978年，政府要求宗教组织包括教堂只有登记注册，才会被合法承认。除了罗马天主教教会之外，大量新教教会也得到承认，包括安哥拉浸礼会（the Baptist Convention of Angola）、安哥拉浸信福音教会（the Baptist Evangelical Church of Angola）、安哥拉联合卫斯理公会（the United Methodist Church of Angola）、安哥拉福音教会（the Evangelical Church of Angola）、安哥拉公理福音教会（the Congregational Evangelical Church of Angola）、西南安哥拉福音教会（the Evangelical Church of South-West Angola）、神召会（the Assemblies of God）、基督复临安息日会（the Seventh-Day Adventist Church）、安哥拉归正福音教会（the Reformed Evangelical Church of Angola）和安哥拉福音派联盟（the Union of Evangelical of Angola）。对于新教会的建立，政府要求要经过许可。

34

为了确保政府对宗教机构的更强控制和确保它们跟随政府和党的官方路线，政府采取了更严厉的措施。比如耶和华见证会（Jehovah's Witnesses）和基督复临安息日会曾一度处于政府的怀疑和监视之下。不过，非洲的独立教会——我们的主耶稣基督世界教会（Our Lord Jesus Christ in the World）——曾被指控反对国家，因此，受到政府的重压。因为该教会被认为同情 UNITA，所以在 20 世纪 70 年代和 80 年代的大部分时期里它被政府取缔了，直到 1988 年才被承认合法。政府对宗教事务的干预迫使罗马天主教会于 1977 年底公开指控政府违反了宗教自由。

20 世纪 80 年代末，政府放松了对宗教的严格控制，因为宗教领袖确实没有成为执政党 MPLA 的政治反对派的工具。政府对宗教机构更为宽容，不太怀疑宗教及其在国家生活中的作用。自 2002 年 4 月内战结束以来，变得愈发明显的是政府对宗教自由更为接受。2004 年 5 月，国民议会通过了一项关于信仰、崇拜和宗教的法律。该法律强调公民有权表明或者不表明自己的宗教信仰。它也增强了教会和其他宗教机构不受限制的自由，它们可以在法律的界限内组织和践行信仰。①

基督教

基督教是安哥拉的主要宗教，大概有 55% 的人信仰它。大部分基督徒是天主教会的，而其他人属于新教和福音派。安哥拉的西部沿海地区属于 15 世纪著名的刚果王国的一部分，这一地区是非洲最早接受基督教的地区之一。基督教由葡萄牙人于 1491 年引入刚果王国，此时传教士来到这里。到 15 世纪末，宗教信仰已非常普遍。基督教传播的主要支柱是 16 世纪早期的刚果王国的国王恩津加·姆本巴（1506～1543），他叛

① 对于这项法律的细节，请参见"议会通过法律"（Parliament Passes Law）。

依了基督教，并因其洗礼名阿方索而广为人知。[1] 这个基督徒国王因在葡萄牙罗马天主教传教士的帮助下在王国内建设教堂而享有盛名。为了在安哥拉传布福音的早期工作，葡萄牙传教士建立教育机构，以此来培训非洲的牧师。

在其统治时期，阿方索一世不仅使罗马天主教成为宫廷的宗教，而且成为整个国家的宗教。基督教在其儿子统治时期继续扩展，他的儿子叫恩里克（Henrique），被任命为罗马天主教主教，他是提升到这个位置的第一位非洲人。他阻止传统的非洲宗教，并命令毁坏崇拜非洲传统神祇的用品。

在安哥拉，最初的基督教活动是以这个国家北部的圣萨尔瓦多（São Salvador）为中心的。在殖民地时期之初，基督教主要是由葡萄牙的罗马天主教传教士来传播。不过，到了 19 世纪末，来自美国、加拿大和英国的新教传教士加入在安哥拉的传教工作。非裔美国人的传教组织在安哥拉特别活跃，在威拉省的加兰盖传教团（the Galangue Mission）是一个例子。[2] 使非洲人改变宗教信仰的一个重要工具是西方的教育。尽管殖

36

---

[1] 对于在刚果王国的早期基督教，请参见伊斯凯（Isichei），《非洲基督教史》（A History of Christianity in Africa）；希尔顿（Hilton），《刚果王国》（The Kingdom of Kongo）；乔丹（Jordán），《刚果王国》（The Kongo Kingdom）；曼（Mann），《中西部非洲》（West Central Africa）。

[2] 请参见亨德森（Henderson），《加兰盖》（Galangue）。对于其他早期非裔美国人的传教活动，请参见拉博德（Labode），"本土人了解当地人"（A Native Knows a Native）。对于美国新教徒在安哥拉传教的一般历史，请参见索雷姆库恩（Soremekun），《美国传教团在安哥拉的历史》（A History of the American Board Mission in Angola）。

民地政府不愿意为安哥拉提供教育，但是基督教传教士支持它。①

　　从 20 世纪 90 年代早期开始，安哥拉的教会在成员数量上经历了巨大的增长。不管是罗马天主教会还是新教教会和独立教会都是如此。伴随着 5% 的年增长率②，教会及其他基督教组织和机构已成为社会中日益庞大的组成部分，在国家生活中扮演重要角色。它们在安哥拉从事公民教育、人道主义的医疗和社会工作，也有些参与冲突调解和解决。它们尤其活跃于政府工作人员不易抵达的农村地区。

　　在过去的四分之一个世纪中，也许教会在安哥拉最值得注意的角色是它对社会公正日益增加的表达。在 20 世纪 70 年代末，一些教会偶尔在内战期间呼吁和平。例如，1977 年 9 月，安哥拉圣灵教会联盟（the Union of Churches of the Holy Spirit in Angola，UIESA）在罗安达和其他地方主办的感恩节祈祷活动中要求和平。不过，在冲突延续了数年之后，从大约 20 世纪 80 年代末开始，教会对和平的呼吁日益增多。1989 年 11 月，罗马天主教主教在所有教区宣读了一封公开信，呼吁 UNITA 和 MPLA 结束内战，举行自由选举。

　　由于不能推动交战双方迈向和平进程，迫使过去依族群而分立的安哥拉教会弥合它们的分歧，发起和平统一战线。于

---

① 关于这一点更多的讨论，请参见伊斯凯（Isichei），《非洲基督教史》（*A History of Christianity in Africa*）；鲍尔（Bauer），《基督教在非洲的 2000 年》（*2000 Years of Christianity in Africa*）。

② 英国世界宣明会（World Vision UK），"安哥拉"（Angola）。

是，在一次联合的示威活动中，它们走到一起，向公众传达了要求和平的强烈和统一的呼声。1995 年 9 月，在安哥拉基督教委员会（the Council of Christian in Angola，CICA）和安哥拉福音派协会（the Evangelicals Association in Angola，AEA）的倡议下，安哥拉基督教教会（Chrisian Churches in Angola，EDICEA）举行了一次会议。这次大会吸引了大约 400 人参加，要求政府和 UNITA 快速履行卢萨卡协议。1998 年 7 月 14 日，罗马天主教会（the Roman Catholic Church）、CICA 和 AEA 在罗安达体育场举行了一次联合集会，来自不同教派的 4 万名基督徒聚集在一起祈祷和平。建立于 1977 年的 CICA 不再仅仅是一个基督教机构，而且开始积极致力于推动和平。

1999 年战事重起增加了教会内部永久性停止冲突的紧迫感。因此，教会不断给战争双方施加压力，要求举行和平谈判。在 2000 年至 2002 年战争结束期间，教会多次通过跨教派组织、会议、祈祷、主日崇拜、和平运动和游行等各种努力来给政府和 UNITA 施加压力，以结束战争和开启国家和解进程。

安哥拉的教会在推动民主和尊重人权的运动中也是一支强大的力量。尽管政府反对宗教机构参与政治，但安哥拉的教会依然如此。在就人权议题公开表达意见时，教会有时也和公民团体联合起来。1990 年 1 月，安哥拉公民协会（the Angolan Civic Association，ACA）与罗马天主教会结成紧密关系，其主要目标之一是推动战争各方尊重人权。

教会在它的社会活动中使用大量的手段，比如研讨会、礼拜和会议等。对于像罗马天主教会这样建立很久的教会，广播是影响民众的一个有效工具。通过它的广播电台——教会电台

（Radio Ecclesia），教会已经提出了人权和民主问题。像地雷、宽容和和解等其他相关议题的节目也被制作出来。出于同样的目的，CICA 和 AEA 也使用了无线电广播。为了发起关于社会问题的运动，除了广播之外，许多教会还使用了杂志、报纸和简报。例如，罗马天主教会在战争期间利用它的月报《使徒》（*Apostolado*）来呼吁停止冲突。随着互联网的普及，为了扩大影响，少数教会（比如罗马天主教）也制作了网站。

致力于社会问题并不意味着安哥拉的教会将其主要的宗教责任搁置一旁。星期日和通常是星期三的礼拜仪式都一直很好地举行。不管是哪个教派，礼拜仪式主要用葡萄牙语和当地语言进行。不过，在有大量外国人口的重要城市，比如罗安达、万博、洛比托和本吉拉，用英语举行的礼拜仪式很常见。自内战结束以来，教会举办的户外活动（有时在体育场）已经吸引了数千人一起参加礼拜和祈祷。对礼拜仪式和其他宗教节目的无线电广播也深受欢迎。

（1）罗马天主教

安哥拉的基督教主要属于安哥拉罗马天主教会（Igreja Catolica em Angola，ICA）。这是殖民历史的体现，因为葡萄牙殖民主义者主要是罗马天主教徒。安哥拉有三个大主教辖区（分别位于万博、罗安达和卢班戈）和 12 个教区。根据 2005 年的估计，有近 500 万教徒，占总人口的比例大约为 44.14%。①

------

① 维基百科（Wikipedia），"按国别分的罗马天主教"（Roman Catholicism by Country）。

在人口稠密的西海岸地区，罗马天主教教徒的数量最多，特别是在卡宾达的巴刚果人、罗安达省和北宽扎省的姆邦杜人中间。造成罗马天主教教徒在西部沿海族群中如此高密度的原因主要是这些族群与葡萄牙人的长期互动。而在内陆的奥文本杜人中间，特别是在本吉拉省和万博省，罗马天主教的影响则稍弱。在东部和南部各省的族群很少有罗马天主教教徒。[①]

自殖民地时期以来，罗马天主教会就在向安哥拉人提供西方教育上扮演重要角色。在 20 世纪 60 年代初之前，非洲人的教育几乎完全来源于罗马天主教布道所。今天，许多小学和中学由教会管理，并且主要用葡萄牙语提供教育。尽管罗马天主教在高等教育中的影响很小，但教会支持了在罗安达的安哥拉天主教大学，它是安哥拉在 1999 年创办的大学之一。

（2）新教和福音派

英国浸礼会（the English Baptist Church）是在安哥拉建立布道所的第一个新教组织，1878 年它在圣萨尔瓦多（现称姆班扎刚果，M'banza Kongo）的巴刚果人中创办了一个布道所。来自欧洲其他国家、美国和加拿大的其他新教布道所随后纷纷在安哥拉的不同地区建立。

在过去，特别是在殖民地时期，新教活动在安哥拉并不受

---

① 桑顿（Thornton），"非洲天主教会的发展"（The Development of an African Catholic Church），第 147～167 页。对天主教力量在各省的统计，请参见切尼（Cheney），"根据省份和名字的安哥拉统计"（Angola Statistics by Province by Name）。

人欢迎，这严重妨碍了新教的发展。不过，最近几年，新教和   40
福音教派出现了稳步增长。新教徒估计占总人口的 20%。① 发
展较快的教派有归正福音教会、浸礼会、神召会、基督复临安
息日会、基督教长老会、基督教会、公理会以及各种五旬节福
音教会，这些教派在整个撒哈拉以南的非洲地区越来越受
39 欢迎。

　　不像罗马天主教会这样的正统教派，新教和福音派采取了
更为积极的使人改变宗教信仰的做法。它们的传教士传统的做
法是将福音传道和社会服务（比如医疗照顾）结合在一起。
在殖民地时期，通过至少掌握一些当地的语言，并向他们提供
医疗和福利服务，新教的传教士有意识地努力了解当地人的文
化。在当代，新教和福音教派看起来在基层社会的努力上比罗
马天主教派更为成功。它们的神职人员继续更多地投身于社区
的宗教事务和福利救助。下面是一些主要的福音派和新教
教会：

　　1. 安哥拉福音公理会（Igreja Evangelica Congrgacional em
Angola，IECA）

　　2. 安 哥 拉 福 音 五 旬 节 派 教 会（Missao Evangelica
Pentecostal de Angola，MEPA）

　　3. 安 哥 拉 福 音 联 合 教 会（Igreja Evangelica Unida de
Angola，IEUGA）

──────────

① 这是一个最新的估计，引自恩伯和恩伯（Ember and Ember）的著作《国
家及其文化》（*Countries and Their Cultures*）中的“安哥拉”部分，第 59
页。

4. 安哥拉福音浸礼会 （Igreja Evangelica Baptista de Angola，IEBA）

5. 耶路撒冷使徒的福音教会 （Evangelical Church of the Apostles of Jerusalem）

6. 安哥拉归正福音教会 （Igreja Evangelica Reformada de Angola，IERA）

7. 安哥拉卫理联合教会 （Igreja Metodista Unida de Angola，IMUA）

8. 安哥拉长老会 （Igreja Presbiteriana de Angola，IPA）

9. 基督复临安息日会 （Igreja Adventista do Stimo Dia，IASD）

10. 安哥拉路德会 （Igreja Luterana de Angola）

尽管许多新教和福音派教会的历史可追溯到 19 世纪末，但新的教会仍在继续被建立。例如，安哥拉独立长老会（Igreja Presbiteriana Independente em Angola，IPIA）在 1991 年才成立，它由从刚果民主共和国返回的安哥拉难民创建。有些新建立的教会是已建立教会的分支机构。安哥拉独立归正教会（Igreja Reformada Independente em Angola，IRIA）是 1996 年从安哥拉归正福音教会中形成的。而成立于 1998 年的安哥拉基督长老会（Igreja Crista Presbiteriana da Angola，ICPA）根源于安哥拉归正福音教会和安哥拉长老会。同样地，安哥拉归正教会（Igreja Reformada de Angola，IRA）和安哥拉圣经基督教会（Igreja Biblica Crista em Angola，IBCA）都源自于安哥拉归正福音教会，二者都开始于 2000 年。

（3）独立的非洲教会

所谓独立的非洲教会是指那些完全由非洲的基督徒建立的教会，与主流的由欧洲人开创的传教教会不同。[①] 它们通常由魅力型的领袖创建，起初这些领袖大多隶属于传教教会。因此，这些土生教会开始时是从欧洲人创建的传教教会脱离出来的。

大量的独立教会在安哥拉茁壮成长，它们包括三种类型。第一种类型是基班古（Kimbangui）式的教会，它源起于非洲人对传教教会对诸如多配偶制、成年礼和婚姻习俗等非洲传统实践方面的反对的抗议。也许这类教会中最著名的是我们的主耶稣基督世界教会（Igreja do Nosso Senhor Jesus Cristo no Mundo），它由西蒙·穆托科（Simon Mtoko）创建于 1849 年。穆托科是一位来自威热省的魅力型人物，他使其教派沿着基班古运动的路线流行于中部和南部非洲。[②] 基班古信徒会（the Kimbanguist Church）是一个于 1920 年代初在比属刚果（现在的刚果民主共和国）建立的一个本土教派，它由先知西蒙·基班古（Simon Kimbangui）建立，这个人以前是浸礼会信徒。安哥拉我们的主耶稣基督世界教会的成员通常被称为穆托科信徒，他们信奉将非洲传统和文化实践的要素整合进基督教。

41

---

① 对独立的非洲教会与南非关系的讨论，请参见普雷托里斯（Pretorius）和贾弗塔（Jafta），"分支机构涌现"（A Branch Springs Out），第 211 ~ 226 页。

② 更多关于西蒙·穆托科的介绍，请参见格伦费尔（Grenfell），"Simão Toco"，第 210 ~ 226 页。

　　基班古教会（Igreja Kimbanguista em Angola）是安哥拉的另一个信仰基班古主义的教会。尽管它不正式隶属于原初的刚果教会，但它的信徒接受了基班古主义的信条。追随基班古主义运动路线的其他教会，尽管不那么流行，但亦存在。它们包括拉西·泽夫林教会（Igreja de Lassy Zepherin），流行于卡宾达的巴刚果人中；圣灵群体（Grupo do Espirito Santo）；黑人教会（Igreja dos Negros），它是由西蒙·马帕蒂（Simon Mpadi）最初创立的刚果教会的原型，这个人先前是一位浸礼会传教士，后投向基班古主义。

　　独立的非洲教会的第二种类型由魅力型的圣灵派牧师构成，它们比其他教会主张更多的灵性。五旬节派（the Pentecostals）比基班古主义走得更远，它们大大偏离了正统基督教和自由派新教在教义事务和礼拜上的模式。不是传教教会那种庄严、虔诚的礼拜方式，五旬节派教会使用的是非正式的礼拜方式，包括欣喜地歌唱和拍手、跳舞、高声祈祷以及通过讲不为人知的语言来表达圣灵的显示。除了非正式的礼拜之外，五旬节教派照字面意思解释圣经，相信预言、祈祷产生奇迹和信仰疗法。对它们而言，神圣性是基督徒生活的核心，它们希望其信徒充满圣灵，过一种荣耀、圣洁的生活。因此，告诫其成员远离被认为是罪恶的活动，比如饮酒、通奸和乱伦、吸烟和赌博。

　　基班古主义将非洲社会、文化和宗教信仰的一些方面整合进了基督教的实践，而五旬节教派则认为这些传统信仰是罪恶的，与基督教信仰不相容。因此，它们反对其成员参加传统节日、庆典和仪式。鼓励西式的着装方式，尤其是在神职人员之中。

还有些教会处于上文讨论过的这两类独立的非洲教会之间。不像基班古主义，它们不同意公然将非洲传统注入基督教。它们也不认为像有神赐能力的五旬节派教会那样强调圣灵。这种教会的一个例子是安哥拉非洲使徒教会（Igreja Apostolica Africana em Angola）。

42

（4）外国传教机构的活动

长时间和毁坏性的内战使安哥拉成为外国传教活动的沃土。当然，外国传教机构一直在安哥拉基督教的历史发展中扮演重要角色。不过，内战造成的毁坏和战后重建的艰巨任务使财政拮据的安哥拉政府对非政府组织（包括宗教机构）非常依赖。

活跃于安哥拉的海外传教机构包括大量的基督教教派，主要是基于美国和欧洲的，前者如美国卫理公会（the American Methodist episcopal church），后者如浸礼会传教士协会（the Baptist Missionary Society，BMS）。传教机构普遍相信，福音书的传播是治愈内战创伤的方式之一。于是，使人改变宗教信仰在它们的议程中处于首要位置，它们通过福音传道、建立教会和牧师培训来满足安哥拉人的精神需求。它们也为牧师提供资助，以使它们能够在农村地区进行传教工作。

不过，外国传教机构不仅关心安哥拉人的精神滋养，它们也积极参与提高生活水平的人道主义工作，特别是在极端落后的地区。它们向村民们提供健康教育和医疗服务，以减少诸如肺结核、伤寒和疟疾等各种疾病。一些传教机构设立食物救助项目，帮助修建学校，照顾因战争或父母遗弃而造成的孤儿。总体而言，这些机构已经在安哥拉投入了大量的时间和资金，以提高当地人的生活水平。

内战结束以来，各种基于国外的宗教组织已在安哥拉运转起来。例如，美国麻风救济会（the American Leprosy Mission, ALM）通过提供医疗救助和物资及培训麻风病工作者，参与对麻风病的控制。ALM 在安哥拉的工作可追溯至二战后时期。基于英国的 BMS 世界宣教会是另一个在安哥拉受欢迎的国外传教组织。

一些国外传教机构以主要城市为基地，而有一些则面向农村地区。在大多数情况下，它们与当地的教会和宗教机构联合运作。例如，在本吉拉、威拉、纳米贝和万博等省开展活动的 ALM，与一些安哥拉最大的福音派教会，特别是安哥拉福音公理会（IECA）有合作关系。BMS 世界宣教会与安哥拉福音浸礼会（IEBA）合作向贫困地区的人们提供教育津贴、卫生服务和救助。特别是，BMS 积极减轻安哥拉的肺结核，在罗安达和其他城市建立了肺结核诊所和医疗中心，并提供护士。①

（5）宗 教 与 战 争

安哥拉漫长和灾难性的内战给国家生活的方方面面带来了消极影响，教会也不能幸免于难。在内战期间教会遭受了巨大的物质和人员损失。它的大量教众遭受伤亡和流离失所，它的

————————

① 关于 BMS 世界宣教会的更多信息，参见 http：//www.bmsworldmission.org。

建筑和其他设施受到肆无忌惮地破坏。尽管战争给教会造成了深深的伤痕，但它的坚韧使其生生不息。实际上，战争的结束和重建的需要为不同基督教教派之间的合作提供了新机会。在战后重建的巨大挑战面前，致力于合作已超越了种族和政治的分野，而这种分野曾是教会的祸根。于是，自战争结束以来，为了造福社会，各个教派汇聚资源投入于教育、健康、救助和重建等领域。基于罗安达的安哥拉基督教委员会已经在全国范围内发挥作用，帮助教会为各种类型的农村社区提供发展服务。

土著的宗教和世界观

安哥拉的人口中估计有47%仍信奉各种形式的土著宗教，尤其在农村地区。[①] 甚至对于许多自称是基督徒和自认为是基督教教派成员的安哥拉人而言，他们的基督教信仰并不妨碍他们认同传统宗教实践和信条的某些方面。另外，城市地区接受西方教育的人求教于传统祭司的情况也很常见。

因为在安哥拉有很多族群或亚群体，所以存在很多土著宗教。尽管相关的群体经常共享宗教信仰和实践的特定元素，但族群、亚群体、家族甚至家庭通常认同独特的传统宗教。一般而言，每个宗教都有自己的一套信仰、价值、仪式和崇拜体系。不过，它们经常享有某些共同的特征，比如对根据族群的不同名字进行标识的最高神祇的信仰。

---

① 中央情报局（Central Intelligence Agency），"安哥拉"（Angola）。

（1）最高神祇

在许多安哥拉族群的宇宙观中的最高神祇是造物主。他在乔克维人中被称为卡伦加（Kalunga），在巴刚果人中被称为恩赞比（Nzambi）。最高神祇不仅被赞誉为宇宙及其中万物的创造者，而且他也对世间的人类事务具有至高无上的权力。在特定群体中，最高神祇被认为是如此强有力，以致凡人难以接近他。例如，据说巴刚果人视恩赞比为"至高无上的主宰者"，他是"无法企及的"和"难以接近的"。因此，"他们不用崇拜他，因为他什么也不需要。"①

而有些群体则认为，尽管最高神祇是万能的，对其所造之物有生杀予夺之权，但他们仍然相信他是可以被接近的，通常是通过崇拜和献祭。不过，接近的手段也可能是间接的，比如，通过较低或较小的神祇。

（2）祖灵崇拜

在安哥拉的传统宗教绝不仅仅是宗教信仰体系和实践。像其他宗教一样，各种形式的土著宗教也是生活方式和其信徒由此看待世界的门径。与在撒哈拉以南非洲大部分地区一样，安哥拉人相信死后还有生命，并且他们的土著宗教将宇宙万物视为一个统一的实体，生者与逝去祖先的灵魂（在乔克维人中

① 冯·约瑟夫·温（Van Joseph Wing），《巴刚果人研究：社会学、宗教和魔术》（*Études Bakongo：Sociologie，Religion et Magie*），译文请参见史密斯（Smith），《非洲的神祇观念》（*African Ideas of God*），第159页。

44

被称作 *mahamba*）有着非常紧密的联系。祖先被认为能够在生者的生命中起作用，因此，可以崇拜死去的家庭成员或者社区或族群的著名成员的灵魂。实际上，祖先崇拜是许多传统宗教的共同特性。

在许多族群中，祖先崇拜是重要的，并且实际上是必须的。如果不这样做，就会危及个体或整个社会，甚至亲族集团的福祉。因此，通过崇拜来纪念祖先的灵魂对于赢得他们的青睐和抚慰他们来说是必要的，以致他们也能避免即将发生的灾难，比如饥荒、瘟疫、疾病、个人损失和其他灾祸。祖先崇拜通常以仪式表演和典礼的形式进行，这种典礼通常包含动物献祭。

与祖灵紧密相连的是相信万物有灵。许多安哥拉的传统宗教沉迷于对存在于自然实体和风景中的灵魂的崇拜，包括岩石、大树、天空、太阳和雷电等。

（3）恶魔和占卜

安哥拉人也非常相信恶魔的存在，它们是个体或集体不幸的根源。他们相信存在巫师（在乔克维人中被称为 *wanga*），这些巫师能够命令恶魔把不幸施加于他人。因此，一个遭受疾病的人可以马上将其归咎于巫师，他无非是一个妒忌的邻居、同事、熟人或某个怀有恶意的人。除了巫师之外，巫婆（*feiticeiros*）也被认为是存在，并且巫术活动（*ferticismo*）也很常见。

在一个广为相信巫师和巫婆存在的社会中，占卜者（被称作 *kimbanda*，在刚果人中称作 *nganga*）占据着重要位置。

45

因为他或她不仅具有与灵魂世界沟通的法力，而且有能力驱除恶魔。大部分占卜者是被培训出来的，但也有些宣称具有遗传的占卜的灵性力量。因此，占卜者能够查明导致疾病和影响痛苦治愈的灵魂。在乔克维人中，篮子占卜很普遍，占卜者通过摇晃在篮子里的占卜物体来破解疾病的原因。一旦疾病被诊断、病因被确定，其原因可能是一个巫师的阴谋，或者是未能向某些神祇或灵魂供奉必要的祭品，那么占卜者就会开出一个治疗方案，它可能包括调制的药物和特定的献祭。占卜者所做这些都是要收费的，但是他们的名望和精通法术吸引人们的惠顾和付更高的价钱。有些占卜者处理专门的情形，而有些则是多面手。不过，冒牌的占卜者也是有的。

伊斯兰教

15 世纪末葡萄牙人来到安哥拉沿海地区，他们随后的传教活动确保这一地区主要是基督教信仰。刚果王国（它包含了北部安哥拉的一部分）以基督教王国的面貌存在了数个世纪。在这种局面之下，伊斯兰教没有在安哥拉成为一个主要的宗教。来自东非的斯瓦希里（Swahili）海岸的伊斯兰教的可能影响没有成为现实，安哥拉成为以基督教为主的国家。伊斯兰教很大程度上是少数族群的宗教，穆斯林信徒只占安哥拉总人口的1%到2.5%。

不过，在近些年，安哥拉的穆斯林社区增长迅速，伊斯兰活动在主要的城市更为常见。清真寺在大量地方涌现，古兰经学校被建立起来，以提供伊斯兰教育和向信徒讲授阿拉伯语。

穆斯林社区主要由外国人构成,特别是来自西非和西南亚的商人和移民。由于像安哥拉伊斯兰教发展协会(the Associacao Islamica de Desenvolvimento de Angola,AIDA)等穆斯林组织积极劝导人们改变宗教信仰,一些安哥拉人皈依了伊斯兰教。有些安哥拉人在伊斯兰人口众多的邻国作难民时接触了伊斯兰教。一些安哥拉人接受了伊斯兰的着装方式,在嫁给穆斯林男人而皈依伊斯兰教的妇女中尤其如此。穆斯林的事务一般由建立在罗安达的安哥拉穆斯林最高理事会(the Supreme Council of Angolan Muslims)管理。

46

其他宗教

还有极少量的安哥拉人口,主要是外国人,信奉其他形式的宗教。在亚洲人社区中,有些人信奉的是印度教。在城市社区中的犹太教堂是为了满足犹太人社区的需要。希腊东正教也是存在的。

宗教的遗产

安哥拉的宗教具有持久的影响,并将继续在国家生活中扮演重要作用。无论在城市地区还是在农村地区,基督教不仅根深蒂固,而且不断发展壮大。战后的重建努力为基督教会和国外传教机构提供了福音传道的机会。强调灵性的五旬节教派对福音书的传播尤其活跃。基督教教会的活动也大大超出了宗教议题,它们成为安哥拉旨在促进和平、公正和民主的社会运动的重要力量。

基督教的主导地位已在许多方面威胁到土著宗教。首先，许多基督教教派，尤其是五旬节教派，谴责安哥拉传统文化的许多内容。其次，为基督教所支持的西式教育与许多传统信仰是不相容的，特别是用恶魔之类的现象来解释疾病或自然灾害这样的传统信仰。最后，土著宗教缺乏像教会那样在全国范围内建立机构的资金。尽管有这些威胁，土著宗教依然是安哥拉宗教文化现实的重要组成部分，因为它们深深扎根于数个世纪以来信奉它们的人们的历史发展中。

在安哥拉，各种宗教群体和平共处，不像尼日利亚和苏丹等一些非洲国家饱受宗教冲突的折磨。当然，这并不是说，在安哥拉不存在穆斯林与非穆斯林之间的某些紧张。

3 文学和传媒

尽管安哥拉遭遇两次漫长而残酷的战争——独立战争和独立后的内战，它们无形中都破坏了文化基础建设，但它还是为葡语文学在非洲的发展做出了显著贡献。虽然文学创作在战争岁月并没有完全停止，但 2002 年内战的结束与重返和平使文学创作重燃生机。安哥拉政府已优先把文化更新和发展作为国家恢复计划的一部分。2005 年 2 月，文化部任命了一个由 14 名专家构成的委员会来编撰安哥拉文学史。① 如今，安哥拉是葡语非洲文学的领导者，拥有形式多样的文学作品。

安哥拉的传媒服务由印刷部门和电子部门构成，前者包括报纸和杂志，后者包括广播、电视和互联网。大众传媒发展得并不理想，由政府所有的和私营的传媒组织构成的新闻界一直受到抑制。自殖民地时期以来，新闻业的活动一直在压制的氛围下进行。独立之后，尽管宪法公开保护言论自由并明确禁止新闻审查，但实际上国家通过不经审讯而监禁、无理监禁、甚

---

① 安哥拉共和国（Republic of Angola），《安哥拉驻英国大使馆通讯简报》（*Newsletter of the Embassy of Angola in the UK*）。

至杀害媒体人士来压制言论自由和威胁新闻工作者。

内战的结束为安哥拉提供了一个开始建立真正独立的新闻业的机会。在这方面确实已经取得了一些进步。2005 年 8 月，政府批准了一项新的新闻法，用大众传媒部副部长曼努埃尔·米格尔·德·卡瓦略（Manuel Miguel de Carvalho）的话来说，"这部法律是更为现代和民主的一致同意的工具。"① 不过，现在来确定大众传媒部门的改革会得到真正的实施仍为时尚早。 50

文　学

安哥拉在葡语非洲文学中的领导地位反映了这个国家丰厚的文化传统，它经受了毁灭性战火的考验。安哥拉人盛产各种形式的口头文学，包括诗歌表演、民间故事和仪式戏剧。不过，现代的安哥拉文学体现在不同类型的葡语文学中：小说、诗歌和戏剧。

西方教育的遗产之一是知识分子和作家阶层的出现，他们主要用葡语进行文学创作。尽管一些文学作品是用本土语言创作的，但安哥拉的文学传统基本上是因葡萄牙语而繁荣的。一些最有名的安哥拉作家是那些用葡语写作的人，并且他们的许多作品在葡萄牙出版。安哥拉有创意的作品越来越多地被翻译成其他语言，特别是英语和法语。这使得安哥拉重要作家的影响超出了葡语世界，比如小说家阿图尔·卡洛斯·毛里西奥·

---

① "大众传媒部副部长谈新的新闻法"（Deputy Mass Media Minister on New Press Law）。

皮斯塔纳·多斯·桑托斯（Arturo Carlos Maurício Pestana dos Santos），他也被称为皮皮蒂拉（Pepetela）。大量的安哥拉作家的作品在著名非洲作家系列丛书中出版，这些丛书是由英语作家主导的。①

现代安哥拉文学受到三个主要历史事实的塑造：殖民主义时期、民族主义时期和内战时期。葡萄牙极其严酷的殖民主义、以游击战形式进行的反殖民地战争和旷日持久的内战，这些遗产对于理解安哥拉葡语文学的发展和进一步体悟其文学作品是非常关键的。

前殖民地时期的文学

除了个别地区，包括安哥拉在内的大部分前殖民地时期的非洲国家，缺乏书面文学的传统。因此，在与欧洲人接触之前，安哥拉的文学主要是口述的，通过朗诵来欣赏。尽管基本上没有书面化，但口头文学拥有与现代文学同样的形式，即散文、诗歌和戏剧。如果说现代文学被用来教育、指导、告知和娱乐，那么传统文学也展现了同样的实用价值。不过，不像现代文学，口头文学缺乏文本保存，因为它没有被书写。不过，口头传统通过一代一代的口述记忆和传递而得以保存。

（1）神话、传说和民间故事

在前殖民地时期，安哥拉文学中的散文主要以神话、传说

---

① 一个例子是皮皮蒂拉的小说《亚卡》（*Yaka*）。

和民间文学的形式存在。尽管它们在文化内容上差别很大，但基本上扮演着同样的功能。通过神话故事，安哥拉人试图为创世之谜提供合理解释，特别是宇宙及其构成之谜。神话也描绘一些关于社会、社区、血统、氏族和族群的建立和发展的故事。

传说与神话紧密相关，但它们主要是描绘重要历史人物的英雄事迹的手段，这些人物通常拥有卓越和非凡的事迹。一个姆邦杜人的传说"国王基塔姆巴·契亚·辛巴"（King Kitamba Kia Xhiba）①，讲述的是一位占卜者（*Kimbanda*）的英雄事迹。根据这则传说，一位著名的国王基塔姆巴失去了他心爱的妻子姆洪古（Muhongo）王后。他开始日夜哀思，茶饭不沾、不言不语，要直到他的妻子能够复活。根据他的命令，他的臣属也加入到哀悼中来：

> 没有人做任何事情。……年轻人不准喊叫，妇女不准咚咚地走，在村子里不准有人说话。

随着安慰基塔姆巴的努力失败，他的酋长传唤了占卜者，占卜者同意访问死亡之地（Kalunga），让姆洪古王后复活。占卜者为他的英雄之旅进行准备：

---

① 请参见沙特兰（Chatelain），"国王基塔姆巴·契亚·辛巴"（King Kitamba Kia Xiba），载于《安哥拉民间故事》（*Folk-Tales of Angola*），第 223～227 页。

他……指挥一些人"在我客人小屋的火炉处挖一个坟墓",他们挖完了,然后他和他的小儿子进入了坟墓,并告诉他妻子两个最后的指示:解掉她的腰束〔以衣冠不整,仿佛处于哀悼之中〕和每天往火炉上倒水。然后男人们把坟墓填满土。占卜者看见他面前有一条路开通了,他和他的儿子沿着它走,一直来到一个村子,在那里他发现姆洪古王后正坐在那儿缝篮子。

在确定了王后在死亡之地的位置后,占卜者开始宣布他这趟差事的目的:

你自己在这儿,我已经找到你。因为你已经死了,国王基塔姆巴不吃、不喝、也不说话。在村子里,村民们不咚咚地走,也不说话;他说,"如果让我讲话,如果让我吃的话,那你们就去找到我死去的妻子。"这就是我为什么来到这儿。我已经说了。

不过,王后不能返回去,因为"这里是在死亡之地,从来没有人来到这儿再出去的。"传说中讲到,不管怎样,她的丈夫很快也会来死亡之地与她团聚。在王后赠给占卜者随她一起埋葬的臂环后,占卜者最终找到了返回阳世的路。这个臂环是他已经真正造访了死亡之地的一个证据。他返回阳世的过程和整个旅程本身一样有戏剧性:

与此同时,占卜者的妻子一直在往坟墓上倒水。一

52

天，她看见大地开始破裂，裂缝越开越宽，最后她丈夫的
头露出来了。他慢慢地出来了，并在身后拉着他的小儿子
上来了。

不用说，国王死了几年之后，碰到了他心爱的妻子。

虽然它们明显有超自然的特征，但安哥拉倾向于把神话故
事和传说看作是真实的，而民间故事则被视为虚构的。尽管这
些故事中有时会有人物角色，但与许多非洲民间故事一样，那
些来自安哥拉的故事也经常把动物作为主要角色，它们有时被
塑造成骗子。有时，民间故事可能作为进行道德教化的一种手
段，但它们主要用来娱乐，因此，经常伴有歌曲和听众参与。
安哥拉民间故事的一个典型例子是在西北部的姆巴卡人
（Mbaka）中流传的一则故事。它讲述的是一只青蛙通过它的
狡黠娶得一位天仙女（Sky Maiden）的故事。① 在这个故事中，
一位年轻人基马纳（Kimana，也称 Kimanaueze）希望与天仙
女结婚，为此，他给她的父亲太阳神（Sun Chief）写了一封
信。问题是基马纳如何将这封求婚信送给天仙女：

> 基马纳去找兔子，"你愿意帮我送这封信吗？"
> 兔子说，"我不能到天上。"
> 基马纳去找羚羊，"你愿意帮我送这封信吗？"

---

① 请参见，沙特兰（Chatelain），"基曼奴兹的儿子与日月的女儿"（The
Son of Kimanueze and the Daughter of Sun and Moon），载于《安哥拉民间故
事》（*Folk-Tales of Angola*），第 131 ~ 141 页。

羚羊说，"我不能去天上。"

基马纳去找雄鹰，"你愿意帮我送这封信吗？"

雄鹰说，"我能飞到一半，但不能到天上。"

然后青蛙来到基马纳跟前，"为什么你不自己去送信？"

基马纳说，"这个我做不到。"

青蛙说，"那么我来替你送它。"

基马纳大笑，"一只青蛙能把信送到天上吗？"

青蛙说，"不管是什么，只要我努力，都能做到。"

像民间故事中典型的动物角色一样，通过耍花招青蛙成功地把基马纳的信送给了天仙女。在故事的结尾，少女对青蛙的聪敏是那么印象深刻，以至于她选择嫁给它而不是基马纳。

53 （2）谚语和谜语

诗歌形式的前殖民地时期文学包括谚语和谜语。一般而言，在非洲社会，谚语是话语的重要部分。谚语通常非常简洁，是只有一两句话的抽象格言，它主要用来为严肃的论述增加解释或类比。尽管它们不提供直接的意思，且希望听者从中引申出言外之意，但谚语为谈话增添了丰富性。擅长使用谚语的人被认为是睿智之人。谚语有时也用来传达幽默。

一些安哥拉谚语有历史基础，来自于人们的经历，特别是奴隶制和殖民主义的经历。一则翁本杜人的谚语如下：

接受或拒绝建议，随你的便。你是将要被奴役的人。①

这则谚语是建议放弃可能有不利后果的愿望。该谚语的基础可追溯到 15 世纪欧洲人的奴隶贸易，它使大量的安哥拉人被囚禁。

谜语与谚语的类似之处在于，它们都是基于社会经历，且以诗歌的形式来表达。然而，不像谚语，谜语主要用于娱乐，但也锻炼思维过程。谜语或者被称为智力测验的难题用模糊的语言来掩饰，但带有提示。谜语可能是关于任何东西的，从人到植物和动物到物体。提出者通常是长者，听众主要是孩子或年轻人，提出者希望他们能够解开隐藏在谜语中的结。无论是谚语，还是谜语，它们都是社区的行事和行为准则在代际间传递的手段。

（3）歌曲

安哥拉的口头诗歌几乎总是以唱而非说的歌曲的形式存在。在社会和宗教节日的仪式表演及在诸如首领加冕或就职、孩子起名、结婚和埋葬等典礼中经常伴有特定歌曲的表演。在赞美城镇、氏族和家族、神祇和上帝以及个人（特别是诸如首领和战争英雄等社会中的名人）时，也会用赞美诗来表达。许多仪式歌曲是史诗。

---

① 桑德斯（Sanders），《翁本杜人谚语集》（A Collection of Umbundu Proverbs），引自 http://www.afriprov.org/resources/dailyproverbs.htm。

殖民地时期的文学

随着欧洲人的到来和教会学校引入西方教育，安哥拉的书面文学出现了。殖民地时期出现了知识分子，起初主要是被同化人口，后来是安哥拉黑人，他们为用葡语表达和基于西方价值观的殖民地文学的发展做出了贡献。

安哥拉的殖民地文学起初实际上由葡萄牙出生的白人所垄断。大量殖民地作家的作品在本质上是有种族偏见的，旨在宣传葡萄牙文化。殖民统治在安哥拉催生了一个外来的殖民地文学，特别是在安东尼奥·萨拉查（António Salazar）新国家体制（Estado Novo）的独裁统治下。不过，少数安哥拉白人作家从对欧洲中心主义的殖民地文学的沉迷中摆脱出来。一个例子是小说家费尔南多·蒙泰罗·德·卡斯特罗·索罗梅尼奥（Fernando Monteiro de Castro Soromenho），他是安哥拉最早的作家之一，经常被称为"安哥拉小说之父"，曾被描述为一位"启蒙的殖民地作家"。① 索罗梅尼奥出生于莫桑比克，他的作品充满了对葡萄牙在安哥拉的殖民制度的尖锐批评。他的作品也关注安哥拉人的生活和种族间关系。索罗梅尼奥的作品主要包括三部小说：《死亡的土地》（*Terra Morta*，1949）、《转折点》（*Viragem*，1957）和《创伤》（*A Chaga*，1975）。②

---

① 汉弥尔顿（Hamilton），《来自帝国的声音》（*Voices from an Empire*），第 34 页。

② 对索罗梅尼奥的论述，请参见上引文，第 34 ~ 40 页。

尽管殖民地作家居主导地位，但安哥拉本土的书面文学也发展起来了。尤其是在罗安达和其他主要的沿海城市，出现了或许可被视为民族文学的作品，其中扮演重要角色的是被同化人口中的知识分子阶层。在殖民地安哥拉比在其他葡语非洲殖民地，被同化人口的数量更多。在安哥拉，他们成为一支强大的文化力量。过了若干年，罗安达成为安哥拉的首都、主要的文化和文学中心，被同化人口的知识分子社群开始创作关注安哥拉文化的文学作品。

20世纪初期开始涌现出一批安哥拉黑人作家，他们进一步推进了民族文学的发表。这些作家所专注的是将传统文学元素整合进他们的作品。安哥拉黑人作家很晚才登上文学舞台主要是殖民制度所导致的。首先，葡萄牙殖民地的教育政策不鼓励对非洲人的教育，因此，延缓了黑人知识分子阶层的出现和增长。其次，殖民制度不利于非洲文学的繁荣。在新国家体制统治时期，严厉的新闻和文学审查特别流行。包括何塞·默纳·阿布兰特斯（José Mena Abrantes）在内的大量作家，由于政治迫害不得不过着流亡的生活。甚至试图创作真正的非洲文学的白人作家也招致了殖民政府的敌视，比如索罗梅尼奥和何塞·罗安迪尼奥·维埃拉（José Luandino Vieira）。当维埃拉的小说集《罗安达》（1964年）于1965年赢得葡萄牙作家协会小说大奖时，它立即被殖民地当局禁售。这部小说集批评了殖民统治的压迫和剥削。

在20世纪50年代正式开始的民族主义斗争为安哥拉民族文学注入了新的维度。新的作家创作了大量的诗歌和小说，批评殖民统治下普遍的社会、经济和政治现实，特别是被前几代

55

作家所忽视的问题。许多新生代作家共享因反殖民地斗争所产生的革命意识形态，这很大程度上反映在他们的作品中。实际上，大量这样的作家积极参与民族主义运动。阿戈斯蒂纽·内图是现代安哥拉最出色的诗人之一，他是从 1940 年代起的反殖民主义斗争中的一个主要人物。内图是安哥拉人民解放运动组织（MPLA）的领导人，1975 年成为安哥拉首任总统。皮皮蒂拉也是 MPLA 中的一名游击队战士，独立战争中在卡宾达飞地参加战斗。维埃拉也积极参与斗争，事实上，他还因为反殖民主义活动在 1960 年代成为殖民地当局的政治犯。大量的革命作家将在后殖民地时期安哥拉的政治生活中发挥重要作用。除了成为总统的内图之外，皮皮蒂拉在 MPLA 政府下担任教育部长。著名作家万亨加·西图（Uanhenga Xitu）在政府里担任卫生部长。不过，那些积极参与反殖民地斗争而后又加入后殖民地政府的作家也受到自我流亡的同行作家曼努埃尔·多斯·桑托斯·利马（Manuel dos Santos Lima）的严厉批评：

> 在安哥拉，绝大多数作家以救世主自居，是天使传报的作家。他们参与了解放斗争、独立后委身于政府。我做出相反的选择，那是为了忠实于我年轻时的民主理念。这就是我选择流亡生活的原因。[1]

激烈的反殖民地斗争促使大量政治性和战斗性的民族主义文学的出现。相当多的作家在独立战争期间创作了他们的一些

---

① 引自雷特（Leite），"安哥拉"（Angola），第 126 页。

经典作品。民族主义时期的革命文学的代表作品是维埃拉的《多明戈斯·泽维尔的现实生活》（*A Vida Verdadeira de Domingos Xavier*，1974），这是一部明显与其早期作品不同的政治书。皮皮蒂拉另外一部重要作品是反映反殖民地斗争的《马永贝》（*Mayombe*，1980），这部小说的素材是卡宾达的马永贝森林中反抗葡萄牙的一支马克思主义游击队的内部冲突。不过，晚期殖民地时期的高压态势使得安哥拉的文学创作转为地下。

　　除了创作抵抗性的文学作品之外，殖民地时期的安哥拉作家也创作了一些作品，旨在刻画一个比有偏见的殖民地作家所描绘的更为积极的安哥拉形象。诸如阿戈斯蒂纽·内图、维埃拉、西图、奥斯卡·里巴斯（Óscar Ribas）、阿纳尔多·桑托斯（Arnaldo Santos）、劳拉·费利奥（Lara Filho）、马里奥·安东尼奥（Mario Antonio）等作家为促进真正的民族文学做出了贡献，他们的作品塑造了一个崭新的和独立的安哥拉形象。对一个有着自己的民族认同和发展前景的新国家的乐观主义精神洋溢于这些作家的作品中。

后殖民地时期的文学

　　后殖民地时期，安哥拉继续推进葡语文学的非洲化。尽管安哥拉作家仍主要使用葡萄牙语作为表达手段，但他们在继续培育一个真正的安哥拉文学，反映这个国家的文化和传统。像阿戈斯蒂纽·内图和恩里克·阿布兰谢斯（Henrique Abranches），这些作家通过他们的作品促进这种民族文化

56

（*cultura nacional*） 的传播。

就内容而言，安哥拉的殖民地历史及随后残酷的独立战争继续充斥于文学作品。1984 年，皮皮蒂拉出版了一部名为《亚卡》（*Yaka*） 的引人入胜的小说，它基本上是安哥拉从殖民主义到民族主义斗争时期的历史的一次文学旅行。在小说中，皮皮蒂拉通过他的主人公亚历山大·塞梅多（Alexandre Semedo） 的生活，探讨了安哥拉国家形成中的主要历史元素，即葡萄牙移民来到安哥拉，在小说中被人格化为塞梅多的父亲，他是一个被驱逐出葡萄牙的有罪的杀人犯；白人与安哥拉黑人的互动；葡萄牙的文化霸权主义；民族主义斗争。其他有名的后殖民时期作家，比如维埃拉、西图和曼努埃尔·瑞·阿尔维斯·蒙泰罗（Manuel Rui Alves Monteiro） 也探索了葡萄牙殖民主义和暴力的反殖民地斗争的主题。

对一些作家而言，特别是鉴于漫长而又激烈的内战，后殖民地时期的文学作品主要关注新的安哥拉国家的政治、社会、经济事务的普遍状态。如果说民族主义文学作品表达了安哥拉民族独立和国家建设的乐观主义，那么这种欢愉则被残酷的内战所抑制。于是，在后殖民地时期作品中日益浮现的一个主题是独立后国家在管理族群、阶级和意识形态分歧上的极端失败及其在使社会走向和平、进步和民主上的无能为力。

对独立后的安哥拉的失望是现代安哥拉文学的显著特点。许多作家，比如皮皮蒂拉，转向对困扰独立后的安哥拉的腐败、裙带关系及其他社会弊病的质疑上。皮皮蒂拉的《水神的复归》（*The Return of the Water Spirit*, 1995） 对当今的安哥拉精英未能巩固独立带来的好处进行了尖锐批评。在对现代安哥拉的批评中，作家们有助于提升关于国家前进方向的民族意识。

还有很多小说家尝试创作发生在前殖民地时期的历史小说。比如，在《恩津加·姆班迪》(*Nzinga Mbandi*，1975)中，曼努埃尔·佩德罗·帕维拉 (Manuel Pedro Pacavira) 将历史人物姆班迪王后小说化，她是前殖民地安哥拉历史中的著名政治人物之一。另一部历史小说是皮皮蒂拉的《卢伊吉》(*Lueji*，1991)，它在很大程度上是关于另一位著名的历史人物卢伊吉 (Lueji) 的，她是乔克维的王后。皮皮蒂拉通过卢伊吉的一生讲述了隆达王国的故事。

当代文学

在当今的安哥拉，尽管西式教育导致了知识分子转型，但传统文学并没有消亡，而是依然兴旺。特别是在农村地区，传统文化仍然根深叶茂，神话、传说、民间故事、谜语和谚语仍是社会生活中的重要方面。甚至对于当代作家而言，传统形式的口头文学已成为创作灵感的重要源泉。皮皮蒂拉的小说《卢伊吉》就是基于隆达人的口头传统。诸如劳尔·戴维 (Rúal David)、何塞·罗安迪尼奥·维埃拉、若阿金·科尔代罗·达·马塔 (Joaquim Cordeiro da Matta)、奥斯卡·里巴斯 (Óscar Ribas) 和安东尼奥·哈辛托 (António Jacinto) 大量地从安哥拉的口述传统、本土语言和非洲文化元素的丰富宝库中汲取营养，给安哥拉的文学打上了非洲烙印。一些学者已经以书面形式努力收集和保存许多非洲语言的口头传统。① 一个例子是劳尔·戴维，他用翁本杜语写作，他的作品《人民之歌》（*Songs of Our People*，1987）就是用翁本杜语写的诗和歌。

当代文学包括大量的政治、经济和社会主题，并且涉及广泛的问题，比如政治腐败、国家中持续的暴力和城市贫困等。当代文学由出道较早和大名鼎鼎的作家所主导，比如皮皮蒂拉、曼努埃尔·瑞（Manuel Rui）、恩里克·阿布兰谢斯和阿诺尔多·桑托斯。新出道的作家也已崭露头角，包括何塞·爱德华多·阿古瓦卢萨（José Eduardo Agualusa）、何塞·索萨·贾姆巴（José Sousa Jamba）、鲍温图拉·卡多索（Boaventura Cardoso）、费尔南多·丰塞卡·桑托斯（Fernando Fonseca Santos）、斯卡卡塔·姆巴伦多（Cikakata Mbalundo）、弗拉加塔·德·莫雷斯（Fragata de Morais）、哈辛托·德·莱莫斯（Jacinto de Lemos）、罗德里克·内霍尼（Roderick Nehone）、阿尔伯特·奥利维拉·平托（Alberto Oliveira Pinto）和杰克斯·阿林多·多斯·桑托斯（Jacques Arlindo dos Santos）。这一代作家开始不再继续沉迷于历史和政治主题。因为享有更大的文学创作自由，他们探索了多种新的主题，范围从爱情小说到侦探小说。皮皮蒂拉最新的作品是侦探小说《特工贾米·班达》（*Jaime Bunda*，*Agente Secreto*，2001）和《贾米·班达和一个美国人之死》（*Jaime Bunda e a Morte do Americano*，2003）。

58

---

① 例如，国家民间故事部门（the Departamento Nacional de Folklore）和国家文化秘书处（Secretaria de Estado da Cultura）已经做出一些这样的努力。

安哥拉作家也扩展了他们作品的地理背景。过去，作家们通常将他们的小说设定在城市地区，特别是罗安达，它长期以来就是安哥拉的社会、政治和经济权力中心。何塞·阿古瓦卢萨（José Agualusa）的《阴谋》（*A Conjura*，1989）是一部基于罗安达的典型作品。不过，他近期的作品已经更多地以本吉拉和更小的城镇为背景，甚至以农村地区、内陆和南部地区为背景。

大量重要的新生事物推动了安哥拉文学的进程。一年一度的国家文化节展示和庆祝国家的文学成就。这个文化活动在每年1月8日举行，它是对诗人总统阿戈斯蒂纽·内图遗产的一个献礼，这位总统对安哥拉文化事业做出了突出贡献，并使安哥拉的文学作品在世界文学版图中占有一席之地。

安哥拉的文学组织也对文学事业的发展贡献了自己的力量。总部在罗安达的安哥拉作家联盟（União dos Escritores Angolanos，UEA）由大量的杰出作家于独立后创建，比如维埃拉，他曾一度担任联盟的秘书长，其他还有皮皮蒂拉和瑞等。UEA举办了许多文学活动，设立文学奖，并通过出版许多作家的作品为出版事业做出了巨大贡献。比如，安娜·塔瓦雷（Ana Tavare）的《成人式》（*Ritos de passagem*，1985）和艾米丽亚·达·隆巴（Amelia da Lomba）的《夜对雨说的话》（*Noites ditas à chuva*，2005）这两部诗集都是由UEA出版的。像恩里克·阿布兰谢斯和曼努埃尔·瑞·蒙泰罗（Manuel Rui Monteiro）等资深作家的作品也曾由UEA出版。

其他的文学组织包括安哥拉艺术家和作曲家联盟（the Union of Angolan Artists and Composers）、安哥拉作家协会（the

Society of Angolan Authors）、安哥拉戏剧家协会（the Angolan Association of Theater）和安哥拉文学青年先锋队（the Angolan Youth Literature Brigade，BJLA）。BJLA 尤其在儿童文学的发展中起到了很大作用，并促进了阅读文化在青年人中的提升。它发起主办了关于儿童文学的讲座、研讨会、工作坊、学校项目和书展等活动。它也促进了安哥拉儿童文学作家作品的销售。最受欢迎的儿童文学作品之一是《木薯粉圈》（*O círculo de giz de bombó*，1979），它是由恩里克·盖拉（Henrique Guerra）创作的一部儿童剧。

各种对作家作品的荣誉奖励也促进了安哥拉文学的发展。安哥拉作家既从国际奖励也从国家奖励中获益。首位获得国际著名大奖的安哥拉作家是维埃拉，1965 年他的作品《罗安达》在里斯本赢得了葡萄牙作家协会的小说大奖（Grande Prémio de Novelística da Sociedade Portuguesa de Escritores）。这个奖励推进了安哥拉文学的国际化。1977 年，皮皮蒂拉赢得了国际著名的卡蒙斯文学奖（Prémio Camões），它是针对葡语文学杰出作品的一项奖励，每年由葡萄牙国家图书馆基金会（Fundação Biblioteca Nacional）和巴西国家图书部（Departamento Nacional do Livro）联合举办。该奖每年授予一部杰出的葡语文学作品。

另外一项国际文学奖是安哥拉国家石油公司文学奖（Prémios da SONANGOL），它由安哥拉国家石油公司设立。这个奖项旨在奖掖葡语非洲作家的作品，它包括对未出版图书的 5 万美元（起初是 25 000 美元）的现金奖励。一开始，该奖授予安哥拉、佛得角、圣多美和普林西比的作家，2004 年扩展至莫桑比克的作家。安哥拉的作家杰克斯·阿林多·多斯·桑托斯和诗人阿德里亚诺·博特略·德·瓦斯康塞罗斯（Adriano Botelho de Vasconcelos）已获得该奖项。

还有不少重要的国家和地方奖励。一个是安哥拉国家文学奖，它被授予著名的作家，比如皮皮蒂拉因其小说《马永贝》而获此奖。另外一项奖励是阿尔达·劳拉奖（Prémio Alda Lara），它的设立是为了纪念多才多艺的女诗人阿尔达·费雷拉·皮雷斯·巴雷托·劳拉·阿尔伯克基（Alda Ferreira Pires Barreto de Lara Albuquerque），她卒于1962年1月。UEA和文化部于2004年设立了散文和诗歌奖，每个奖励35 000美元。安哥拉国家石油公司1999年还设立了一个新星奖（the Revelation Prize），专门奖励未发表过的安哥拉作家，以鼓励年轻作家和促进创造性写作。

内战结束以来，安哥拉作家还获得过其他形式的荣誉。2005年2月，本吉拉政府宣布它将用已故作家劳尔·戴维的名字命名一条街道。[①] 戴维1918年出生于本吉拉省的干达（Ganda），为安哥拉的文学传统做出了显著贡献，尤其是在口头文学上。另一种形式的荣誉是为两位杰出的和当之无愧的作家阿戈斯蒂纽·内图和安东尼奥·哈辛托发行了特种邮票。

（1）小说

现代安哥拉小说被两个主题所主导：反殖民地的民族主义

---

① 参见安哥拉共和国常驻联合国代表团（Permanent Mission of the Republic of Angola to the United Nations），《通讯》（*Newsletter*），第11期。

斗争和令人失望的独立后的安哥拉国家。大量的现代作家在民
族主义运动时期涌现，许多人坚持写作至今天。一些最杰出的
作家是小说家，比如皮皮蒂拉、维埃拉、瑞和西图。

也许，当今最受人敬仰的安哥拉作家是剧作家和小说家皮
皮蒂拉。他于 1941 年出生于本吉拉，他是反殖民地斗争的一
名老兵，这在其文学作品中有很多体现。他是一位国际知名作
家，创作了大量重要的小说，包括中篇小说《恩贡加历险记》
（As aventuras de Ngunga，1972），小说《马永贝》（Mayombe，
1980）、《亚卡》（Yaka，1984）、《罗安达的狗和人》（O Cão e
os Caluandas，1985）、《卢伊吉》（Lueji，1991）、《乌托邦的
一代》（A geração da utopia，1992）和《水神的复归》（O
Desejo de Kianda，1995）。[①]

另外一位多才多艺的安哥拉作家是罗安迪尼奥·维埃拉，
他以短篇小说和长篇小说而著称。他于 1935 年出生于葡萄牙，
尽管他的父母是葡萄牙人，但当他随父母于 1938 年移民到安
哥拉后一直在罗安达的贫民区（musséques）度过其青少年时
代。维埃拉对罗安达穷人社区的熟悉极大地影响了其文学作
品。比如说，像在其短篇小说集《罗安达》中所看到的，他
的语言表达糅合了葡语和金邦杜语，是典型的贫民窟的混合语
言。与其同时代其他作家的作品一样，他大量的作品描绘了葡

[①] 对皮皮蒂拉的重要论述，请参见佩雷斯（Peres），《文化嫁接与反抗》
（Transculturation and Resistance），第 4 章；克莱夫·威利斯（Clive
Willis），"皮皮蒂拉"（Pepetela），载于考克斯（Cox），《非洲作家》
（African Writers），第 685～695 页。

萄牙殖民主义期间大多数安哥拉人的悲惨生活。1964 年《罗安达》的出版使他在安哥拉内外赢得了赞扬和尊敬，因为他以生动和率真的笔触，表达了罗安达贫民区里受压迫的安哥拉人的现实生活。他的其他重要作品包括：《多明戈斯·泽维尔的现实生活》《古老的故事》（*Velhas Estórias*，1974）、《我们马库卢苏人》（*Nós os do Makulusu*，1974）、《新的生活》（*Vidas Novas*，1975）和《若昂·温西奥：关于他的爱情》（*Joáo Vêncio: os sues Amores*，1979）。①

曼努埃尔·瑞是安哥拉另一位杰出的小说家。他于 1941 年出生在新里斯本（现称万博），在安哥拉独立后的文化和政治生活中非常活跃。他作品丰富，主要包括《晚归》（*Regresso Adiado*，1973）、《独立后的五天》（*Cinco Dias depois da Independencia*，1979）、《我想成为一道波浪》（*Quem Me Dera Ser Onda*，1980）、《穆基姆博编年史》（*Crónica de um Mujimbo*，1989）、《死与生》（*O Morto e os Vivos*，1993）、《干枯的河》（*Rioseco*，1997）、《手掌》（*Da Palma da Mão*，1998）、《萨克斯管与隐喻》（*Saxofone e Metáfora*，2001）和

---

① 对维埃拉的论述，请参见伯尼斯（Burness），《火焰：安哥拉的六位作家》（*Fire: Six Writers from Angola*），第 1 ~ 18 页；佩雷斯（Peres），《文化嫁接与反抗》（*Transculturation and Resistance*），第 2 章；以及菲利斯·雷斯曼·巴特勒（Phyllis Reisman Butler），"写作民族文学：维埃拉的例子"（Writing a National Literature: The Case of José Luandino Vieira），载于赖斯（Reis），《迈向社会批判主义》（*Toward Socio-Criticism*），第 135 ~ 142 页。

《沙子中的指环》（*Um Anel na Areia*，2002）。[1]

　　阿戈斯蒂纽·安德烈·门德斯·德·卡瓦略（Agostinho André Mendes de Carvalho）是另外一位重要的安哥拉小说家，其金邦杜语笔名是万亨加·西图（Uanhenga Xitu）。他的散文最好地例示了现代安哥拉叙事小说语言的实验特征。西图以混合使用金邦杜语和葡萄牙语而著称，这使他的作品体现了殖民地时期的文化同化。他的作品包括《明天》（*Manana*，1974）、《"男主人"塔姆达及其他故事》（"*Mestre*" *Tamoda e Outros Contos*，1977）、《在桑扎拉的马卡》（*Maka na Sanzala*，1979）、《作证殖民地的幸存者》（*Os Sobreviventes da Máquina Colonial Depõem*，1980）和《"男主人"塔姆达的世界》（*Os Discursos* "*Mestre*" *Tamoda*，1984）。[2]

　　（2）诗歌

　　尽管在前殖民地时期，诗歌主要是非书面化的，但它是安哥拉文学不可或缺的组成部分。诗歌以谚语、谜语和歌曲的形式存在，并以本土语言表述。不过，现代诗歌的发展可能部分地归功于在 20 世纪 40 年代直到 20 世纪 60 年代大量文学杂志的诞生，它们培育了一代现代作家。首先是葡语杂志《文化》（*Cultrual*），它于 1945 年至 1951 年出版，许多像阿戈斯蒂

----

① 对曼努埃尔·瑞更详细的分析，请参见阿弗拉比（Afolabi），《金色的笼子》（*Golden Cage*），第 77~116 页；佩雷斯（Peres），《文化嫁接与反抗》（*Transculturation and Resistance*），第 5 章。
② 对西图及其作品的出色分析，请参见佩雷斯（Peres），《文化嫁接与反抗》（*Transculturation and Resistance*），第 3 章。

纽·内图这样的作家向它投稿。1948 年，一群安哥拉知识分子发起了"安哥拉新知识分子运动"，1950 年出版了《安哥拉新诗人诗集》（*Antologia dos novos poetas de Angola*），他们藉此来表达自己的观点。随后他们又在罗安达创办了文学评论《信使》（*Mensagem*）。对诸如阿戈斯蒂纽·内图、安东尼奥·哈辛托、阿尔达·劳拉和马里奥·平托·德·安德拉德（Mário Pinto de Andrade）这些诗人而言，文学评论提供了一个文学表达的途径。① 在它被萨拉查独裁政府禁止之前，《信使》只从 1951 年到 1952 年出版了两年，仅有四期问世。继《信使》之后，另一个出版物《文化》（*Cultura*）于 1957 年至 1961 年间在罗安达重新发行，它由安哥拉文化协会（Sociedade Cultural de Angola）发起主办。相比之前的出版物，《文化》涵盖的文学范围更广，并且扶持新的诗人。它成为诸如维埃拉、安东尼奥·卡多索（Antonio Cardoso）和恩里克·阿布兰谢斯等这些作家诗歌表达的一个途径。在 1953 年至 1956 年期间，另一本文学刊物《安哥拉杂志》（*Jounal de Angola*）问世，许多新生代作家向其投稿。②

在前殖民地时期，诗歌主要集中于文化主题，并植根于民间传统，但在殖民地时期，它更多地承担了政治功能。它用来批评殖民制度，这在许多诗人的作品中很明显，比如马里奥·

---

① 对《信使》的简短讨论，请参见雷特（Leite），"安哥拉"（Angola），第 143 页。

② 对这个主题的总体讨论，请参见阿劳（Alao），"葡语非洲文学杂志的发展"（The Development of Lusophone African Literary Magazines），第 169 ~ 183 页。

安德拉德，他是 MPLA 的创始成员并担任其主席至 1962 年。安德拉德是安哥拉早期的著名诗人之一，1958 年他编辑出版了反对葡萄牙殖民统治的《葡语黑人诗集》(*Antologia da poesia negra de expressão portuguesa*)。

在反殖民主义斗争期间，政治性诗歌赞颂民族主义运动，寻求对独立需求的合法性。像安德拉德一样活跃于解放运动的是阿戈斯蒂纽·内图，他也是 MPLA 的领导人之一，并最终成为安哥拉的首位总统。内图的诗歌也许是革命性的安哥拉诗歌的最好例子。1974 年，安哥拉的首任总统、安哥拉最著名的诗人——内图——出版了关于反殖民主义斗争的诗集《神圣的希望》(*Sagrada Esperança*)。① 其他著名的诗人还有何塞·路易斯·门多卡（José Luis Mendonca）、若昂·麦莫纳（João Maimona）、若昂·若昂·梅洛（João Joao Melo）、洛比托·费霍（Lopito Feijoo）和阿德里亚诺·博特略·德·瓦斯康塞罗斯。

独立以后，诗歌创作日趋活跃。比如安娜·葆拉·塔瓦雷斯（Ana Paula Tavares）等新诗人加入老诗人的队伍来推进诗歌事业。创新人才展现才华的途径更多是通过朗诵的机会，少量是通过出版。不过，必须要指出的是，在安哥拉出版文学作

---

① 阿戈斯蒂纽·内图，《神圣的希望》(*Sagrada Esperança*) (Luanda：União dos Escritores Angolanos，1979 年)。这本书的英文版由玛迦·霍内斯（Marga Holness）翻译，《神圣的希望：阿戈斯蒂纽·内图诗集》(*Sacred Hope：Poems by Agostinho Neto*) (Luanda：União，ENDIAMA，1989)。更多关于内图及其作品的介绍，请参见伯尼斯（Burness），《火焰：安哥拉的六位作家》(*Fire：Six Writers from Angola*)，第 19～34 页。

品，特别是诗歌仍是相当困难的。大量诗歌作品是自行出
版的。

(3) 戏剧

戏剧是安哥拉发展最差的文学形式。戏剧文学的开端可追
溯到双语音乐剧《聘礼》（*Bride Price*）1971 年在罗安达的上
演。在独立之前，早期的书面戏剧包括阿曼多·克雷亚·德·
阿泽维多（Armando Correia de Azevedo）的《小酒馆》（*A*
Taberna）和《沉思》（*Mull*），多明戈斯·范—杜内姆
（Domingos Van-Dúnem）自行出版的《圣诞剧》（*Auto de*
Natal，1972）。在独立战争期间，民族主义领导人大量地鼓励
革命性表演，以鼓舞解放斗争。尽管没有太多戏剧被书面出
版，但随着越来越多城市剧团的建立，戏剧也取得了一些明显
的发展。舞台表演和广播戏剧也越来越受欢迎。当代广播剧的
一个例子是《卡玛唐多》（*Camatondo*），这是一部关于安哥拉
战后和解努力的系列剧，由安哥拉国家广播电台（Rádio
Nacional de Angola）和联合国南部非洲地区信息一体化网络
（IRIN）联合出品。

安哥拉也有一些杰出的现代戏剧作家。最多产的剧作家之
一是何塞·默纳·阿布兰特斯（José Mena Abrantes），他创作
了大量的戏剧，主要有《安娜，泽和奴隶们》（*Ana, Zé e os*
Escravos，1988）、《怪兽的暴行》（*Nandyala ou a Tirania dos*
Monstros，1993）、《路易斯·洛佩斯·西奎拉或混血神童》
（*Sequeira, Luís Lopes ou o mulato dos prodígios*，1993）及《国
王的孤儿》（*A órfã do rei*，1996）。除了为剧院创作一些戏剧

之外，他还导演了其他一些作家的戏剧。尽管皮皮蒂拉更以小说著称，但他也写作了一些重要的剧本。他发表于 1978 年的独幕剧《绳索》（*A Corda*），尽管并没有特别重要的文学意义，但被誉为安哥拉首部完整成熟的戏剧。[1] 1979 年，皮皮蒂拉出版了第二部剧作《木偶房子的起义》（*A Revolta da Casa dos Ídolos*），它比第一部还要成功。曼努埃尔·瑞也写作和导演戏剧，他的主要作品有《稻草人》（*O Espantalho*，1973）和《万博的孩子们》（*Meninos de Huambo*，1985）。还有一些其他的戏剧作品，比如恩里克·盖拉的儿童剧《木薯粉圈》（*O círculo de giz de bombó*，1979）、费尔南德·科斯塔·安德拉德（Fernando Costa Andrade）的《没人接触老人》（*No Velho Ninguém Toca*，1979）、多明戈斯·范一杜内姆的《小册子》（*O Panfleto*，1988）和若昂·麦莫纳的《与事故对话》（*Diálogo com a Peripécia*，1987）。

　　大量的戏剧团体活跃在安哥拉。恩津加·姆班迪地平线剧团（Horizonte Njinga Mbandi）于 1986 年在罗安达创立，它已经在安哥拉举办了许多戏剧演出，甚至还在葡萄牙和布基纳法索举办过演出。2005 年 7 月，地平线剧团在罗安达演出了一部戏剧《狗食》（*O prato do cão*），探讨的是工作场所的不公正主题。其他剧团还有庭甘杰剧院（Tchinganje Teatro）、喜邻家剧院（Xilenga Teatro）以及爱邻家剧院（Elinga Teatro），都是由阿布兰特斯（Abrantes）创办的。

---

[1]　请参见雷特（Leite），"安哥拉"（Angola），第 141 页。

女性作家

安哥拉妇女在这个国家的文学发展中发挥了重要作用。[①]一位著名的早期作家是阿尔达·费雷拉·皮雷斯·巴雷托·劳拉·阿尔伯克基，她于 1930 年出生于本吉拉。她是一位著述丰富的诗人，但是她的主要作品直到 1962 年 1 月死后才出版。在她死后，为了纪念她，设立了阿尔达·劳拉文学奖。她死后出版的作品有《诗》（*Poemas*，1966）、《雨季》（*Tempo da Chuva*，1973）、《诗歌》（*Poesia*，1979）和《诗歌选集》（*Poemas*，1984）。其他早期出版过作品的作家有：玛丽亚·阿彻（Maria Archer），她是短期小说、传说和谚语的作家，主要作品是《班图民间故事集》（*Africa Selvagem: Folclore dos Negros do Grupo 'Bantu'*，1935）；艾米莉亚·德·索萨·科斯塔（Emilia de Sousa Costa），她是儿童小说家、《乔尼托，泛非主义者》（*Joanito Africanista*，1949）一书的作者；莉娅·达·丰塞卡（Lília da Fonseca），她是小说家和诗人，出版了不少作品，主要有《潘圭拉》（*Panguila*，1944）、《当代诗歌》（*Poemas da hora presente*，1958）、《白人的女儿》（*Filha de Branco*，*Coleção Imbondeiro*，1960）和《时钟静止》（*O*

---

① 对葡语女作家的详细名单，请参见戈麦斯（Gomes）和卡拉卡斯（Cavacas），《非洲葡语文学作家大辞典》（*Dicionario de Autores de Literaturas de Lingua Portuguesa*）。来自安哥拉的女作家也在西蒙斯·达·席尔瓦（Simoes da Silva 的《葡语女作家书目提要》（*A Bibliography of Lusophone Women Writers*）中得到很好介绍。

relógio parado，1961）。许多早期作家是自行出版的，比如玛丽亚·达·路兹·蒙泰罗·默西多（Maria da Luz Monteiro Macedo）、玛丽亚·多·卡尔姆·马塞利诺（Maria do Carmo Marcelino）、琳达·马丁斯（Linda Martins）和索菲娅·达·莫拉（Sofia da Costa Moura）。对许多女作家，甚至那些资深女作家而言，其作品的出版仍困难重重。

不过，女性作家还是出版了很多散文、诗歌和戏剧等文学作品。最著名的当代诗人之一是安娜·葆拉·塔瓦雷斯，她于1952年出生于威拉省的卢班戈。她是一位发表广泛的女性主义诗人，她的诗歌出现在由联合国教科文组织（UNESCO）1996年出版的《撒哈拉以南非洲诗歌：1945~1995》（*Poesie d'Afrique au Sud du Sahara*，1945~1995）中。她的作品通常以感性的笔触关注独立后的安哥拉，特别是女性的状况。她也写作探讨自然和动物的故事。她的诗歌作品包括《成人式》（*Ritos de passagem*，1985）、《月亮湖》（*O Lago da Lua*，1999）、《向我甜蜜地诉说苦楚》（*Dizes-me coisas amargas como os frutos*，2001）。她也写作散文，比如《三角梅的血》（*O sangue da buganvilia*，1997）。

安哥拉还有更年轻的女性作家，比如诗人玛丽亚·亚历山大·达斯卡洛斯（Maria Alexandre Daskalos）和安娜·德·桑塔纳（Ana de Santana）。达斯卡洛斯出生于1957年，她的作品一方面表达了对自然和美好事物的深刻敏感性，另一方面表达了在一个被破坏了的社会中对完美的渺茫梦想。她最重要的作品之一是1991年出版的《快乐的花园》（*Jardim das Delicias*）。出生于1960年的桑塔纳写作爱情诗歌，其主要诗

64

集是《味道、气味与幻想》(*Sabores*, *Odores* & *Sonho*, 1985)。

儿童文学特别受女性作家青睐。活跃于这类文学的作家主要有玛丽亚·内图(Maria Neto)、克里梅德·德·莉玛(Cremilde de Lima)、罗萨莉娜·蓬巴尔(Rosalina Pombal)、玛丽亚·克里斯蒂娜·费尔南德斯(Maria Celestina Fernandes)、玛丽亚·达·康西卡奥·费格雷罗(Maria da Conceição Figueiredo)和玛丽亚·德·杰西·哈勒(Maria de Jesus Haller)。例如,玛丽亚·内图已经出版了很多部文学作品,包括《森林里的小动物说》(*E na floresta os bichos falaram*, 1977)、《星星升起及其他故事》(*A formação de uma estrela e outras histórias*, 1979)、《我们的双手铸造自由》(*As nossas mãos constroem a liberdade*, 1979)、《翅膀的神话与混合花女孩》(*A lenda das asas e da menina Mestiça-Flor*, 1981)、《鲜花星球的女孩与斯库斯星星》(*A menina Euflores Planeta da estrela Sikus*, 1988)、《想看到白色天空的爬山虎及其他故事》(*A trepadeira ue queria ver of céu azul eoutras histórias*, 1984)和《时间独木舟中的吉安达预言》(*O vaticinio da Kianda na piroga do tempo*, 1989)。安哥拉的新一代女作家已经出现,其中一位是玛尔塔·梅蒂娜(Marta Medina),她最近出版了其首部小说《办公室》(*Escritório*, 2005)。大部分新生代作家都有自行出版的作品。

文学与外部影响

安哥拉现代文学的发展在某种程度上得益于外部影响。首先，除了葡萄牙的文化影响之外，安哥拉文学明显受到黑非洲文学传统的影响，尤其是黑人文化认同（Negritude）的影响。尽管黑人文学主要用法语表达，但它也有助于塑造安哥拉的民族文学。对包括阿戈斯蒂纽·内图在内的许多安哥拉作家而言，黑人诗歌直接激发了他们的创作，并成为一种文学样式。内图和维埃拉等其他作家还受到了巴西文学的影响。

古巴文学也对安哥拉文学的发展做出了重要的贡献。由于大西洋奴隶贸易把成千上万的非洲人从安哥拉海岸运往加勒比地区，所以古巴人声称与安哥拉人有紧密的历史联系。在1975年安哥拉独立战争之后，古巴派军队为 MPLA 政府提供军事援助，以对抗南非扰乱新独立的安哥拉国家的努力。古巴也选派医生、教师、工程师等为安哥拉提供经济援助。古巴军队（大约5万人）和其他人员最终于1991年从安哥拉撤离。

在安哥拉的古巴人创作了很多关于安哥拉状况的文学、散文和诗歌。他们一回到古巴，那些喜欢写作的人，特别是战士，将他们在安哥拉的经历付诸笔端。唐·伯尼斯（Don Burness）已注意到关于安哥拉的古巴文学作品中的一些特征。首先，他认为，写作安哥拉的作家中有许多都是资深作家，他们绝大多数是白人或混血儿，而不是像某些人所预期的非洲古巴人（Afro-Cubans）。其次，古巴作家在他们的作品中对安哥拉表达不同的认知。像乔尔·詹姆斯（Joel James）和瓦尔多

·莱瓦（Waldo Leyva）这些诗人的作品表现出对安哥拉人深深的情感。而像安东尼奥·孔蒂（Antonio Conte）和维克托·卡绍斯（Victor Casaus）则感情不深。像短篇小说家拉斐尔·卡拉莱罗（Rafael Carallero）和诗人贝尼托·埃尔特拉达·费尔南德斯（Benito Estrada Fernández）这些作家的作品并没有描绘出对安哥拉的良好印象。①

不过，在许多安哥拉作家与古巴作家之间确实存在同志情谊。安哥拉作家联盟通过欢迎古巴作家进入安哥拉文学圈来鼓励这种友谊精神。来自两个国家的主要作家保持接触。大量的古巴作家在安哥拉杂志、作品选集和其他文学载体上发表作品。古巴文学在非洲国家有大量的读者，特别是关于安哥拉的古巴文学。②

安哥拉文学的风格

安哥拉的小说中明显有大量的风格元素。一个是强大的意象和象征主义，这经常被小说家审慎地使用。例如，在皮皮蒂拉的《亚卡》中描绘了丰富的意象。在小说开头，他的主人公亚历山大·塞梅多（Alexandre Semedo）的出生寓意着殖民主义对安哥拉的拖累和破坏性影响。皮皮蒂拉这样来描写亚历山大的第一声啼哭：

66

---

① 伯尼斯（Burness），《在马蒂的肩膀上》（*On the Shoulder of Marti*），第4～5页。

② 同上引，第52～53页。

传来一声枪响。猴子跳离山崖，躲到臃肿的猴面包树的枝叶中。各色鸟儿趁机消失在瑟拉山峦之中。布什山羊、斑马、甚至豹子都躲藏在瑟拉山的凹谷处。蜥蜴和蛇滑动它们弯曲的身体进入洞中和岩石后。

哀号声在空中回响，响声过后陷入可怕的沉寂。在亚历山大说出他的第一句话后良久，万物和人仍相互凝视和张望、等待。①

同样在《亚卡》中，作者把亚卡雕像既作为葡萄牙殖民主义所代表的邪恶的化身，也表示出一个新的和自由的安哥拉的不可避免。亚历山大的孙子乔尔（Joel），在他向其祖父解释亚卡雕像时生动地描绘了对殖民主义腐朽的象征意义："爷爷，你看。雕像代表了一个殖民者。它是雕塑家所想象的殖民者。他在嘲弄那些殖民者。你看它的鼻子，愚蠢而又充满野心。"②

当亚历山大交给乔尔匕首时，它是对争取独立的游击战争的象征性支持。亚卡的雕像于是又承载着第二个象征意义，非洲文化的韧性，这因殖民主义结束和一个崭新的安哥拉的出现而达到顶点。

在当代安哥拉的叙事小说中，讽刺也很普遍。这在许多杰出作家的作品中表现明显，比如皮皮蒂拉、曼努埃尔·瑞、曼努埃尔·多斯·桑托斯·利马和万亨加·西图。他们使用讽刺

①　皮皮蒂拉，《亚卡》（*Yaka*），第3页。
②　同上引，第296页。

来批评当代安哥拉政治和经济事务的糟糕状态。这在利马的小说《侏儒与乞丐》（*Os anões e os Mendigos*，1984）中体现得很明显，它的背景设定在一个想象的国家——银色海岸（Silver Coast）。

　　通过葡语和地方语言的混合，安哥拉的作家也设计出一种独特的语言，能使他们实现现代民族文学与民族文化相协调。所谓葡萄牙语言的安哥拉化（Angolanidade）反映在像鲍温图拉·卡多索和曼努埃尔·瑞这些作家的作品中。另外，对许多像西图和维埃拉这些现代作家而言，他们作品的一个重要方面就是融入了诸如神话、传说、民间故事和谚语等传统文学元素。

20 世纪主要的安哥拉作家

　　根据时期划分，安哥拉的作家大致可分为三组。第一组是在殖民地时期出名的作家，大致从 20 世纪初到 20 世纪 30 年代。他们包括佩德罗·达·帕伊奥·佛朗哥（Pedro da Paixâo Franco）、奥古斯托·塔蒂尤·巴斯托斯（Augusto Tadeu Bastos）、奥斯卡·里巴斯和安东尼奥·德·小阿西斯（António de Assis Jr.）。第二组是在反殖民地运动期间和独立后初期成名的作家。在这一组中一些有名的作家包括阿戈斯蒂纽·内图、安东尼奥·哈辛托、曼努埃尔·瑞、皮皮蒂拉、豪尔赫·马塞多（Jorge Macedo）、安娜·葆拉·塔瓦雷斯、何塞·默纳·阿布兰特斯和鲍温图拉·卡多索。第三组是在 20 世纪 80 年代以来获得名望的作家。这一组中主要有卡尔莫·

67

内图（Carmo Neto）、若昂·塔拉（João Tala）、何塞·爱德华多·阿古瓦卢萨、瑞·奥古斯托（Rui Augusto）、哈辛托·德·莱蒙斯（Jacinto de Lemons）、洛比托·费若奥（Lopito Feijoó）、若昂·梅洛（João Melo）和若昂·麦莫纳。①

大众传媒

从殖民地时期开始，安哥拉新闻界缺乏舆论自由和表达自由。葡萄牙的殖民政策是压迫性的，不容许任何形式的反对。因此，殖民地当局遏制新闻业，限制反殖民主义情绪的表达。批评殖民制度的新闻工作者经常遭受迫害。

在独立时期，执政党 MPLA 宣布建立一个马克思主义国家，本质上是不容忍持异议者的。在 MPLA 统治下，安哥拉的新闻业继续受到政府和党的严格控制。尽管根据安哥拉宪法，保证言论表达的自由，但 MPLA 政府对印刷和广播媒体都实行了国有化，使新闻自由名存实亡。政府对大众传媒的控制和新闻审查大大阻碍了被国家视为不友好的新闻报道和批评性社论的发布。只有官方的国家政策被允许发布或广播。供职于国营媒体的新闻工作者在大众传媒部的直接控制下工作，这些国营媒体主要有安哥拉国家广播电台（Rádio Nacional de Angola，RNA）、安哥拉公共电视台（Televisão Pública de Angola，TPA）和《安哥拉日报》（*Jornal de Angola*）等，大众传媒部

---

① 更详细的分类，请参见坎德基姆博（Kandjimbo），"安哥拉作家"（Verbetes：de escritores Angolanos）。

确保这些媒体没有任何批评政府的报道能被发表或广播。即使独立经营的媒体出现后，它们也必须要面对严格的国家审查。因此，在国家控制下，新闻界实际上成为政府的附庸。安哥拉的职业记者机构——新闻记者联合会（the União dos Jornalistas，UA）——被要求要与政府携手工作，并要遵守管理新闻活动的现有法律和规定。在描述国家的新闻审查时，记者若昂·波康加（João Pokongo）曾说道：

> 你必须要记住，信息是党垄断的。每年 MPLA 都制定指示，以确定编辑方针。更重要的是，还有日常控制。无论如何，每个记者都要知道并且有责任知道党的基本路线；为了保证他的文稿与路线一致，他必须要事先知道。①

68

内战进一步导致了政府对大众传媒控制的收紧。1999 年，政府施加了一项对战争的新闻禁令。MPLA 政府要求新闻界的绝对忠诚，禁止新闻工作者发表任何对国家或党的批评。反对派的报纸被取缔，同情叛乱运动组织——争取安哥拉彻底独立全国联盟（UNITA）——的记者被迫害。UNITA 本身在它所控制的地区也严格限制新闻自由。

在相互残杀的内战不容异己的氛围中，记者时常受到骚扰。在这样一种环境下，自由地传播新闻实际上已变得不可

---

① 引自吉马良斯（Guimarães），"安哥拉钳制新闻的恶行"（The Evils of Muzzled Press in Angola），第 4 页。

能。在内战中，交战双方在族群、政治和意识形态上处于对立的状态，没有自由和开放地表达思想的空间。

1994 年政府和 UNITA 之间的卢萨卡协议提出，把大众传媒用作国家和解的工具。于是，协议允许言论和新闻自由。在 20 世纪 90 年代末，包括总统多斯·桑多斯在内的不同政府官员宣称更大的新闻自由。据报道，1995 年 12 月，总统桑多斯将安哥拉描绘为非洲言论自由的"新圣地"，并断言"我们和新闻界有良好的关系"。① 1996 年 4 月，在国家团结政府成立之初，总统宣布了允许新闻自由的新方向。

实际上，安哥拉政府并没有履行它所宣称的表达自由。批评政府或者被视为威胁到当权者的大众传媒组织始终处在政府的达摩克利斯之剑下，表达与官方政府相左观点的新闻工作者继续受到折磨。一些记者经历了未经审判的拘留或监禁，还有些人被免除工作岗位。据说，甚至有记者因为批评性的报道或者因为拒绝遵守政府路线，而被政府特工谋杀。根据保护记者委员会的一份报告，1994 年至 1998 年间在安哥拉有 5 名记者被暗杀，他们都以对政府的批评性报道而著称。②

1999 年末，对著名的新闻记者和人权活动家拉斐尔·马奎斯（Rafael Marques）的逮捕、拘留和随后的判罪为这种压制性的氛围提供一个很好的例子，在这种氛围里媒体代表必须

---

① 同上引，第 3 页。
② 请参见保护记者委员会（Committee to Protect Journalists），"国别报告：安哥拉"（Country Report：Angola）；也可参见人权观察组织（Human Rights Watch），《解密安哥拉》（*Angola Unravels*），第 81 页。

要安分守己。马奎斯是一家私营周报《8 页报》（*Folha 8*）的 69
专栏作家，他在 1999 年 7 月 3 日的报纸上发表了一篇文章，
这一期报纸主要是批评总统多斯·桑多斯。在题为《独裁统
治的口红》（"The Lipstick of Dictatorship"）的文章中，马奎斯
对总统使用了尖刻的言辞，将其称为"独裁者"。他指控总统
要为"国家的毁坏承担责任"，要"为无能、贪污和腐败的滋
长负责"。① 因为这篇文章，马奎斯被控告诬蔑诽谤并定罪，
被处以罚款，并被判缓刑 6 个月。不过，随后马奎斯继续被政
府找麻烦。

报纸和杂志

尽管新闻界在安哥拉并不自由，但该国却有大量的报纸和
杂志。1995 年，信息部部长佩德罗·亨德里克·瓦尔·内图
（Pedro Hendrik Vaal Neto）报告说，在安哥拉有 40 家报纸、
24 家杂志和 18 家简报。② 自内战结束以来，越来越多的刊物
被创办。

安哥拉的报纸和杂志可分为两类。一类是政府所有和国家
控制的出版物，比如《安哥拉日报》。这份在罗安达用葡萄牙
语出版的报纸是唯一的国家日报。政府也发行《共和国日报》
（*Diário de República*）和《罗安达日报》（*Diário de Luanda*）。

---

① 马奎斯（Marques），"独裁统治的口红"（The Lipstick of Dictatorship）。
② 人权观察组织（Human Rights Watch），《解密安哥拉》（*Angola Unravels*），
　 第 80 页。

第二类由私营的独立报纸构成。这一类的佼佼者是周报《8页报》（*Folha 8*）、《现在》（*Agora*）和《商业新闻》（*Comércio Actualidade*）。其他的报纸还包括双周报《资本》（*A capital*）和周报《安哥拉周刊》（*Angolense*），二者都设于罗安达。除此之外，还有周报《真相》（*Actual*）、《新时代》（*Tempos Novos*）、《独立报》（*O Independente*）、《公正传真》（*Imparcial Fax*）以及罗马天主教的报纸《使徒》（*Apostolado*）。至少在某种程度上，这些中立的报纸有一些展现出了它们批评政府的能力。例如，令政府恼火的是，《8页报》时常在安哥拉发表关于人权的系列文章。这些独立报纸直言不讳的尝试也遭到了政府的报复。

除了这两类之外，是那些与主要的政治组织和政党有联系的报纸。例如，设立于罗安达的周刊《每周邮报》（*Correio da Semana*）和《新时代》（*Era Nova*）是与 MPLA 相联系的。《安哥拉大地》（*Terra Angolana*）是与 UNITA 相联系的，它是一份不定期出版的报纸，随着比塞塞协定（Bicesse Accord）带来的停火而初次登场。UNITA 的另一份反对性报纸是《工人之声》（*O Voz do Trabalhador*），是表达与政府不同观点的每月通讯。

安哥拉的印刷媒体面临着大量问题。首要的是缺乏充足的资金来维持运营。私营新闻媒体尤其遭受资金匮乏的困扰，不能保证定期出版。它们当中有许多既不能得到国家的支持，也不能得到商业社群的支持，因为它们认为这些报刊是反政府的。因此，它们的出版处在不稳定的状态。例如，由于资金问题，私营报纸《安哥拉人》于 2000 年暂时停刊。

70

第二个问题是发行的问题。只有国家出版物有能力更广泛地发行，甚至有时在全国范围内发行。私营出版物的发行通常很难超出像罗安达和本吉拉这些主要的城市中心，这主要是因为它们缺乏资金来发行，也因为某些省份不容忍批评性报纸。

在大多数情况下，新闻工作者在安哥拉并不是一份薪水很高的职业。特别是在私营报纸工作的记者通常没有受过专业训练，报酬也很低。他们不仅薪水很低，而且工作条件也很糟糕，缺乏像电脑之类的现代办公工具。

广播和电视

安哥拉只有一个全国范围的电台——安哥拉国家广播电台。一开始，政府禁止私营或短波电台的运营。不过，到2000年，国家宣称有 36 个 AM、7 个 FM、9 个短波电台和 7 家电视台。[①] 从那时起，电台的数量大大增长。广播主要是用葡语，但也有些用本地语言。

除了国家控制的国家广播电台（是安哥拉最大的电台）外，还有大量的私营独立电台存在。大部分电台设在罗安达。主要的一个是罗安达商业电台（Luanda Commerial Radio，LCR）。其他设在罗安达的 FM 电台是第五电台（Radio 5，RNA）、FM 立体声电台（Radio FM Estereo，RNA）、罗安达电台（Radio Luanda，RNA）以及我们的安哥拉电台（Radio N'Gola Yetu，RNA）。

---

① 　哥伦比亚百科全书（Infoplease），"安哥拉"（Angola）。

也有在安哥拉其他地区运营的 FM 和短波电台。FM 电台包括卡宾达商业电台（Radio Cabinda Comercial），它在卡宾达市运营；在本吉拉的莫雷纳电台（Radio Morena）；在卢班戈的 2000 电台（Radio 2000）。短波电台有：在库安多古班哥（Cuando-Cubango）省梅农盖市（Menongue）的库安多古班哥省广播站、在威拉省卢班戈市的威拉省广播站、在纳米贝省纳米贝市的纳米贝省广播站、在本吉拉省本吉拉市的本吉拉广播站。

尽管这些电台有许多可被归类为独立的，但它们回避对政府的公开批评。甚至在一些主要的电台，比如罗安达商业电台、卡宾达商业电台、莫雷纳电台及 2000 电台也是如此。在 1992 年的大选举行前不久，通过 MPLA 隐蔽的资金支持，这些电台曾作为 MPLA 竞选活动的工具。[①] 不过，更为独立的电台是罗马天主教所拥有的电台——教会电台（Radio Ecclesia），它于 1954 年 12 月登台亮相，并于 1969 年开始每天 24 小时广播。这家电台会不时地批评政府，特别是对其令人沮丧的人权纪录的批评。它广播不同的观点，并违反官方对报道内战所施加的禁令。1977 年，政府征用这家电台，但 1979 年又归还给了教会。

在 1980 年代末期，UNITA 运营了一家宣传电台——黑公鸡反抗之声（A Voz da Resistência do Galo Negro，VORGAN）。这家电台从设置在实行种族隔离制度的南非境内的发射台向安

71

---

① 人权观察组织（Human Rights Watch），《解密安哥拉》（*Angola Unravels*），第 80 页。

哥拉的中部和南部用葡语和地方语言进行广播。它服务于UNITA 的事业，并反对罗安达政府。

安哥拉的电视服务于 1976 年开始在罗安达及其周围可以使用。安哥拉国家控制的电视台是安哥拉公共电视台（*Televisão Pública de Angola*，TPA），它有两个频道。

新闻机构

安哥拉唯一的官方新闻机构是安哥拉国家通讯社（Agência Angola Press，ANGOP），它是于 1975 年 7 月在罗安达创办的一家公营企业，它也许在安哥拉的法律之下享有自主权和编辑独立性。它的主要功能是收集和加工关于安哥拉和全世界的新闻事件，并向国内和国际媒体组织发布安哥拉的新闻。[①]

通过协议，安哥拉国家通讯社与国外媒体组织进行合作。像法新社（France-Presse）和泛非新闻社（the Pan-African News Agency）等国外新闻机构活跃于安哥拉。在苏联解体之前，苏联新闻社（TASS）与安哥拉国家通讯社有密切合作。除苏联之外，其他东欧国家和中国也在安哥拉设有媒体机构。另外，古巴开办的拉美新闻机构——古巴拉美通讯社（Prensa Latina）——也在安哥拉运营。尽管面临压制性的新闻环境，但安哥拉新闻界总体上展现出一定的职业化水准。它们主要的

---

① 请参见安哥拉国家通讯社的网址 http：//www. angolapress-angop. ao/angop-e. sap。

职业团体是在 1982 年 5 月设立的新闻记者联合会，它是媒体工作者争取新闻自主权和不用担心政府报复而自由传播信息的一个工具。尽管国家对大众传媒的影响也许仍将继续，但真正意义上的新闻自由可能即将来临。最近，政府通过批准一项新的新闻法律，采取行动来推进大众传媒的民主化。大众传媒部副部长曼努埃尔・米格尔・德・卡瓦略（Manuel Miguel de Carvalho）解释道："当我们说文件内容是民主的时候，我们指的是已经消除了施加于广播电台和电视台及其他发行物上的所有限制。"①

　　奖励专业水准的一种方式是给做出突出贡献的新闻工作者以奖励。其中一个奖励是马伯克新闻工作者奖（the Maboque Journalism Award），它由一家商业管理公司马伯克于 1994 年设立。这个奖励每年用来褒奖创作了最好的新闻文章的记者，它附带大约 35 000 美元的奖金。2005 年，除了专业记者之外，这个奖的奖励对象扩展至新闻机构职员和摄影记者。曾经获得这个奖的有：比耶电台（Bie Radio）的记者法利亚・奥瑞西奥（Faria Horacio）和阿贝尔・阿布拉奥（Abel Abraao）；罗安达商业电台的马特乌斯・贡萨尔维斯（Mateus Goncalves）、阿尔维斯・费尔南德斯（Alves Fernandes）、瑞吉纳尔多・席尔瓦（Reginaldo Silva）和阿尔维斯・安东尼奥（Alves Antonio）、路易莎・弗朗克妮（Luisa Francony）、保罗・阿朗若（Paulo Aranjo）、伊斯梅尔・马特乌斯（Ismael Mateus）；

———————

① "大众传媒部副部长谈新的新闻法"（Deputy Mass Media Minister on New Press Law）。

安哥拉人民电视台的（Televisão Popular de Angola）的路易斯·多明戈斯（Luis Domingos）和伊西德罗·桑汉加（Isidro Sanhanga）；本吉拉电台（Benguela Radio）的记者杰米·阿苏莱（Jaime Azulay）。

互联网

　　互联网迅速成为安哥拉传播文化的重要组成部分。除了政府部门和商业企业之外，报纸和电台也都上线了。现在大量的新闻出版物在互联网上提供它们文章的电子版。例如，《安哥拉日报》已经有了在线版，其新闻内容主要包括安哥拉的政治、文化、经济、体育和民意等。[1] 安哥拉的新闻机构——安哥拉国家通讯社——也有了网络版，重点介绍安哥拉的政治、经济、社会、体育和文化，以及非洲和国际新闻，有葡语、英语和法语三种语言。[2]

　　在互联网上还有关于安哥拉的当前信息的其他来源。在华盛顿特区的安哥拉大使馆也有双月通讯《思想者》（O Pensador）的电子版。[3] 安哥拉常驻联合国代表团也出版了双月互联网通讯《安哥拉代表团观察员》（The Angolan Mission Observer）[4]。在主要西方国家首都的其他安哥拉大使馆也有提

[1]　安哥拉日报的网站见 http：//www. journaldeangola. com。

[2]　安哥拉国家通讯社的网站见 http：//www. angolapress-angop. ao。

[3]　《思想家》的网站见 http：//www. angola. org/news/pensador/index. html。

[4]　《安哥拉代表团观察员》的网站见 http：//www. angola. org/news/mission/ index. html。

供信息的网站。

少数电台已开始在互联网上广播。它们包括罗安达商业电台①、天主教的教会电台②和国家广播电台③。

不过，对绝大多数安哥拉人而言，对互联网的接触仍非常有限。截至 2001 年，安哥拉大约有 3 万名互联网用户，并且在 2000 年只有一家互联网服务提供商。④

---

① 罗安达商业电台的网站见 http：//www. ebonet. net/lac。

② 教会电台的网站见 http：//ecclesia. snet. co. ao。

③ 国家电台的网站见 http：//www. rna. ao。

④ 哥伦比亚百科全书（Infoplease），"安哥拉"（Angola）。

4　艺术、建筑和住房

> 实际上每个村庄都至少有一名技艺高超的执业艺术家，并
> 且大多数艺术家往往都有几门手艺。每个家庭也至少有一
> 件珍贵的艺术品。
>
> ——丹尼尔·J. 克劳利（Daniel J. Crowley）
> 关于乔克维人艺术的评论①

尽管安哥拉经历了多年的战乱，对文化基础设施造成了难
以估量的毁坏，但这个国家丰富的艺术遗产仍保持兴盛。安哥
拉的艺术以多种介质形式来体现，包括塑料的、陶瓷的、木头
的、象牙的和金属的。不同的族群有不同的艺术风格。比如，
安哥拉东北部的乔克维人是技艺高超的雕刻师，他们创作了安
哥拉一些最好的雕刻。实际上，大部分乔克维人都能制作艺术
品，男性擅长雕刻面具和雕像，女性通常制作各种手工艺品。
总体而言，安哥拉受欢迎的艺术形式包括面具和雕刻、陶器制

---

① 克劳利（Crowley），"非洲人的审美观"（An African Aesthetic），第 523
页。

作、织物图案设计、绘画、珠球刺绣和身体装饰。

安哥拉的传统艺术与民族文化有着历史联系。艺术并不是单纯为了审美价值而存在的。艺术是神圣的，超出了视觉欣赏；它是仪式表演和其他传统庆典和节日的重要组成部分。不过，在现代的安哥拉，艺术的文化功用大大降低。艺术越来越被商业化，成为博物馆和展览馆展出的物品。艺术的商业化趋势源自于对其审美价值的崭新重视。

安哥拉的艺术表达也可在其建筑形式中发现。城市里混合着现代风格和殖民地风格的建筑。公共建筑是现代的西式风格，有的可能是非常壮观的，为城市增添了审美性。在像罗安达这样的重要城市中心，曾被作为殖民地文化的中心而发展，因此，葡萄牙风格的殖民地建筑随处可见。许多私人家庭住宅，特别是在富有地区，是现代的、混凝土的、锌屋顶的建筑。与城市不同，在农村地区常见的是泥建筑。许多在农村的房子设计简单，由泥砖建成，覆稻草屋顶。

传统艺术

安哥拉的传统艺术可追溯至安哥拉各民族数个世纪以来的文化发展。乔克维人及相关民族的艺术在世界上久负盛名，并且早在欧洲人来到安哥拉之前就已发展起来。研究乔克维艺术的比利时艺术史学家和权威玛丽亚—路易丝·巴斯汀（Marie-Louise Bastin）曾将"一件雕刻精美的动物形象的木制雕像"的存在视为乔克维艺术年代悠久的证据。根据巴斯汀的研究，这件木制艺术品有上千年的历史，"是来自中部非洲已知的最

76

古老的木制雕刻品"。①

　　大量今天被视为艺术品的物件在前殖民地时期是仪式实践和文化活动（比如出生、青春期、割礼、入会、酋长就职、葬礼及其他传统庆典和节日）的组成部分。尽管传统艺术体现在这种或那种形式的仪式表演中，但不同的地区或族群具有独特的艺术能力。不过，族群间互动的历史造就了共享的艺术价值。②

77

　　（1）　面具和雕刻

　　面具雕刻是安哥拉最流行的传统艺术形式之一。面具一般用木头、青铜或其他金属来雕刻，它们通常刻画的是世系、部族或家庭的祖先的灵魂，神祇，神话人物，甚至动物。最常见的面具是那些在诸如治愈、割礼、生育及青春期仪式上使用的面具。刻画神祇和祖先灵魂的面具也很常见。祖先崇拜在安哥拉的文化中很重要，并且祖先面具被用在纪念神祇的仪式庆典上。

　　面具并不是用来装饰的，而是被认为拥有神奇的魔力。因此，在适当的启动或感应仪式被举行后，它们必须由指定的人来佩戴，通常是男性。灵魂面具的佩戴者被认为能与它们所代表的神祇和已故祖先的灵魂世界进行沟通。

―――――――――

① 巴斯汀（Bastin），"乔克维人的艺术"（Ckokwe Art），第 14 页。
② 对安哥拉艺术的讨论，请参见华莱士（Wallace）和辛克莱（Sinclair），《来自前线的艺术品》（*Art from the Frontline*）；吉伦（Gillon），《收集非洲艺术品》（*Collecting African Art*）。

安哥拉的面具类型多样，具有不同的形态、尺寸和艺术性。最著名的一些是由乔克维人创作的，比如他们的女祖先姆瓦娜·波娃（Mwana Pwo）的面具，波娃是一名少女。它在安哥拉是非常流行的一个面具，用在青春期和生育仪式上。传统上它由男性跳舞者来佩戴，他们穿得像女性，并带着假乳房。木制面具有类似于已故祖先的容貌。面部的损伤是死亡的痛苦的象征，因为据说姆瓦娜·波娃年轻时就死了。面具也用珠子、前额十字、编织的帽子和其他装饰物来装饰。尽管乔克维人的仪式由男性来表演，但其面具被视为是女性美的体现，据称它能赐予妇女生育力，护佑人丁兴旺。

姆瓦娜·波娃面具的男性对应物是奇洪哥（Cihongo，意为财富之神）的面具。它的存在表明，一些面具是成对、或者甚至成群制作的。奇洪哥面具不同于他的女性对应物波娃。波娃面具是憔悴的表情特征，而奇洪哥则是凶猛的表情，宽大的嘴巴、精心绘制的白牙、夸张的横向胡须。这个面具用木头雕制而成，只能由指定的酋长或者其儿子来佩戴，代表着年长、财富以及领袖的权力和权威。

安哥拉的其他族群受到乔克维艺术的极大影响。诸如亚卡人、姆邦杜人、卢瓦拉人（Lovala）、隆达人和其他民族也创作了令人印象深刻的面具。例如，亚卡人有大量穆坎达（*mukanda*，意为男性割礼）的面具，最有名之一是恩德穆巴（*ndemba*），它在男孩成年礼仪式期间使用。面具是亚卡祖先的象征，他为年轻人确立了成年礼。当在成年礼仪式的跳舞期间，面具由少年佩戴时，亚卡面具被认为赋予新加入者以祖先的再生能力。尽管有不同类型的恩德姆巴面具存在，但它们通

78

常都是木质的，带有用白颜料装饰的脸。在姆邦杜人中，在割礼仪式上由化装跳舞者佩戴的面具玛尼石（*makishi*）非常流行。

在安哥拉，许多雕刻的面具在佩戴时要穿上用布和植物纤维制成的精致复杂的服装。这些服装是五颜六色的，并用像珠子之类的各种物件来进行华丽的装饰。有些面具也用交织在一起的辫子来装饰。

除了代表人脸的面具之外，许多安哥拉人还佩戴刻画各种动物的面具。动物面具之所以十分流行，是因为在许多安哥拉族群的神话中动物经常是主人公。常见的动物面具有羚羊、水牛、大象、斑马、猴子、豹子、犀牛、猪、狒狒、蛇和蜥蜴。这些面具主要用木头雕刻，有时也用金属，是非常漂亮的艺术品。不过，在传统社会，动物面具主要在不同类型的典礼上作为仪式物品，比如在成年礼仪式上。

雕像在安哥拉也是非常流行的传统艺术形式，在诸如乔克维、奥文本杜、因班加拉（Imbangala）、卢文纳（Lwena）和卢瓦拉（Luvala）等许多族群中都非常有名。安哥拉雕像的主题有国王、王后和贵族等王室人物；强壮的战士、猎人和治疗师；乐师和仪式舞者；祖先和神祇以及各种神话人物。人物雕像尺寸不一，从极小的到与真人等身的都有。它们也姿势各异，有些是站姿，有些是坐姿或跪姿。不过，姿势不仅具有审美性，它们还有象征意义。雕像通常用实木雕刻，有时用金属装饰。

除了人物雕像外，宫廷的物件和用品的雕刻象征着王室的荣耀、庄严和华丽。这些王室雕刻包括椅子、凳子、装饰的宝座、仪式用的权杖和长矛。其他雕刻品与家用物品有关，比如椅子、桌子和凳子，以及拐杖、梳子、手镯和头饰等私人物品。一些雕刻品具有精神价值，比如陈列在神龛中的传统崇拜对象和在仪式表演中使用的其他物品。

乔克维人是特别精巧的雕刻家，他们制作了一些最有名的雕像和日常使用的雕刻品。在传统的前殖民地社会，雕刻是职业雕刻师的专属领域，他们被称为桑吉（*songi*），经常专门为王室和其他有名的酋长工作。他们以各种雕像杰作而著称，包括被神化的祖先，民间人物的精致雕像，以及诸如王座、凳子、椅子和头枕等王室用品。显示出乔克维人艺术精致性的是各种精雕细琢的仪式用木制凳子。例如，有些凳子的腿被雕刻成男性和女性人物，而有些则表示母亲和孩子的形象。

最广为人知的安哥拉雕像是乔克维人的雕像"思想者"（"Pensador"）。作为安哥拉最古老的手工艺品之一，它已成为国家文化的一个象征，并赢得了极大的尊敬。雕像被表示为一名男性或一名女性，意味着智慧和知识。它以屈身的姿势雕刻，手放在头上，双腿交叉，其造型象征着深思。①

在安哥拉流行的雕像还有神话性的王室人物乔克维—隆达夫妻，即猎人（*chibinda*）伊隆加·科特勒（Ilunga Ketele）和女王卢维吉（Lweji）。伊隆加是使乔克维人和隆达人走向文明的文化英雄，他被认为是诸如弓、箭、斧头和刀子等新的狩猎

---

① 关于乔克维人艺术品的更多信息，请参见巴斯汀（Bastin），《乔克维人的雕刻》（*Les Sculptures Tshokwe*）；"盘子"（Plates），载于乔丹（Jordán），《乔克维人》（*Chokwe*），第 1～55 页。

工具的引入者。因此，他是狩猎文明的象征，经常被用雕像来表现，在雕像中，他一身狩猎装束，挥舞着一把枪，戴着首领的帽子。这个雕像有许多其他变体。有时，他被刻画成戴着精致的王冠，象征着他的王室地位；手握一把权杖和一个号角，蕴含着狩猎的魔力。卢维吉的雕像与伊隆加的相辅相成。① 卢维吉是隆达人的女酋长，神话中是伊隆加的妻子。除了她是女性人物之外——这体现在乳房和头饰的佩戴上，她的雕像与伊隆加的相类似。

在刚果人中，独特的神圣雕像恩科斯（*minkisi*，单数为 *nkisi*）或威猛形象（power figures）代表着物神崇拜。雕像是木制的，有时刻画人物或动物，并携带着各种被神化的物体，用来祈求精神力量。恩科斯物体有各种类型，包括镜子、葫芦和钉子。这些物体也用作各种目的，被用在占卜、成人礼和其他仪式中。

尽管面具和雕像主要是传统文化，但它们仍是安哥拉现代艺术的重要组成部分。现代的雕刻家仍继续用诸如木头、象牙和金属等各种材质来制作传统雕像，以作为装饰艺术品。在大多数情况下，面具和雕像不再具有重要的宗教和传统意义。相反，它们越来越被商业化，主要被制作为娱乐艺术品，那些掌握艺术诀窍的人关注的是利润。全世界的艺术品收藏者对安哥

---

① 对乔克维人雕刻的讨论，特别是关于伊隆加的讨论，请参见巴斯汀（Bastin），"使乔克维人走向文明的英雄猎人伊隆加的雕像"（Statuettes Tshokwe du Héros Civilisateur Tshibinda Ilunga）。编者将这个雕像描述为"乔克维艺术的集大成之作"，参见巴斯汀（Bastin），《乔克维人的艺术》（Ckokwe Art），第13～19页。

拉的传统艺术品，特别是乔克维的雕刻，有很大的需求量。这些艺术品被展览馆、博物馆和私人收藏家所珍藏。安哥拉的侨民社区和外国的参观者（尤其是欧洲人）是雕刻师制作的主要动机。"思想者"是安哥拉生产最多的传统装饰性雕像之一。

（2）金属制品

金属制品是安哥拉艺术品的另一种形式，在许多族群中非常流行。传统的铁匠（*fuli*）擅长用金属制作各种物品——主要是武器、工具和装饰品。这些物品类型多样，主要包括刀子、匕首、锄头、矛和剑。它们之所以具有艺术性，在于它们不仅能被使用，而且也表现出审美性。因为安哥拉的技术水平相对落后，所以铁匠在某种程度上仍很重要。

（3）葡萄牙人对传统艺术的影响

葡萄牙人在安哥拉盘踞了数个世纪，这不可避免地把欧洲—基督教元素引入到安哥拉的民族艺术中。尽管传统艺术主要嵌入在非洲文化中，这在仪式面具和祖先雕像的制作中体现得很明显，但雕刻师也雕刻各种类型的基督教肖像。这些肖像中最著名的是用黄铜或青铜制作的圣徒雕像和耶稣受难像。

除了公开雕刻宗教肖像外，安哥拉的雕刻师还将西方价值观融入他们的传统艺术。例如，乔克维人和其他族群最终将葡萄牙风格的装饰性图案整合进了传统的仪式用椅子、凳子、权杖以及其他雕刻品中。

现代艺术

安哥拉的现代艺术包含多种形式，最重要的是绘画、手工艺品以及织物和时尚设计。不像传统艺术，现代艺术只是为了审美价值而创作，尤其是面向旅游市场。因此，现代艺术具有所谓机场艺术品的印记，即针对国外市场，特别是欧洲人市场的商业艺术。这些艺术形式不考虑界定传统艺术的那些文化基础。

（1）绘画

像在南部非洲的大部分地区一样，安哥拉绘画的最早形式是岩画。在安哥拉的大量洞穴中发现了诸如动物等绘画图案。除了岩画之外，少数安哥拉族群（比如乔克维及相关民族）也践行一种名为沙画（*sona*）的艺术传统。在乔克维人中，沙画通过圆点网络由巧妙的线条图案构成，具有几何图形的精度。这种几何图形的目的是为了展示民间故事、寓言、谚语、谜语和笑话。[①]

在当代，绘画在安哥拉已成为一种重要且流行的艺术手段，表现为诸如水彩画、彩粉画、帆布油画等不同形式。安哥拉的职业画家中涌现出一些杰出的艺术家。许多画家在安哥拉

---

① 有意思的是，有些研究已经探讨了沙画的数学含义或者它们在数学中的使用。例如，请参见格德斯（Gerdes），《来自非洲的几何学》（*Geometry from Afica*）。

内外参加重要的展览，并且一些人已赢得了重要的地方和国际大奖。

现代安哥拉的绘画主题被文化、传统、历史经历、当代现实及自然环境所塑造。内战是艺术的一个重要主题，并且引发了对战争破坏性的强力描绘。人物画在当代绘画中也很常见，特别是英雄人物。虽然有许多变体，但恩津加·姆班德也许是最经常被画的历史人物，她是恩东戈王国和马坦巴王国的女王和安哥拉的一位女英雄。

新一代的视觉艺术家在其作品中描绘了大量与日常生活有关的画面。对画家而言，流行的主题范围广泛，从犯罪和贫穷到自然风光都有，前者代表着城市主义的后果，后者代表安哥拉的美丽。艺术家也越来越多地转向颜色的狂野显示和其他形式的抽象印象主义。

（2）手工艺品

手工艺品始终是安哥拉艺术传统的重要组成部分。陶器和编制品是其中较为流行的手工艺品形式。尽管许多妇女是陶器制作者，但它们主要是由男性来制作。陶罐主要供家庭使用，比如作为水容器和烹饪用具。不过，它们有艺术风格，并被非常漂亮地完成。赤陶和陶瓷罐可能被装饰得五彩斑斓，装饰物有珠子、手绘的人物和动物形象，有时还有几何图形。

篮子制作在安哥拉也很流行。供家庭使用的篮子主要由女性来制作，它们用来储放谷物、面粉和其他食物。在过去，篮子也被用在诸如占卜这样的仪式中，因为它们可以装盛这些仪式所需要的物品。现在手艺人和妇女仍在制作精美的、手工编

83

织或编制的篮子，形状多样。篮子设计要求编制者要有丰富的想象力但也要注重细节，这样才能制作出精良的成品。制成的篮子通常被卖掉或作为礼物。其他形式的手工艺品还有皮革制品、垫子制作、珠饰品和葫芦雕刻。

（3）纺织艺术

织布是纺织艺术的一个方面，并且在安哥拉历史上非常有名。织布是一种艺术形式，女性在其中的创造性表达是最好的体现。在前殖民地时期，布是用手纺棉织出来的，但是随着现代织布机的出现，这种织布技术已经衰落。

在布匹上制作图案的纺织艺术仍然非常流行。安哥拉的纺织艺术家在他们的工作中注重颜色、艺术图案和其他装饰的大量展示。在织物上最流行的艺术设计形式是刺绣。在殖民地时期，传教教会鼓励妇女学习这种技能。在内战结束后的安哥拉，许多在乡村工作的基督教组织和非政府组织仍对妇女强调同样的职业。刺绣是这样一门技术，即把复杂的图案缝在织物上。宫廷服饰是用这种方式来进行最精致装饰的一些服装，显示出王室的尊贵。特别是对富人而言，仪式用礼服也经常被刺绣。在过去刺绣是用手工来缝制的，而如今机器刺绣逐渐取代了手工刺绣。刺绣既用在男性服装上，也用在女性服装上。

另一项重要的关于纺织的艺术工作是染布技术。纺织艺术家在染布时使用不同的颜色，但更常用的是靛蓝色。在染布中可以使用各种技术。在一些情况下，整块布都被染色；在另一些情况下，则使用被称为扎染的专门技术。后一种技术产生更具艺术性的图案。

　　　（4）艺术家

　　每一种艺术类型安哥拉都有一大群艺术家。尽管很多人的名声局限于他们的当地，但也有一些全国和国际知名的艺术家。

　　具有国际地位的最有名的造型艺术家之一是画家维克多·特谢拉（Vitor Teixeira），他于 1940 年出生于罗安达，1993 年去世。这位著名的艺术家被简称为维特斯（Viteix），他在安哥拉、葡萄牙和法国接受造型艺术方面的教育。他的艺术品超越了各种形式，包括油画、版画和抽象画。除了在其祖国安哥拉，他的作品已在很多国家展出，包括葡萄牙、法国、古巴、巴西以及几个其他非洲国家。他在安哥拉内外赢得了许多大奖。

　　另一位获得极高成就的艺术家是多料艺术家安东尼奥·奥利（António Ole），他于 1951 年出生于罗安达，是一个混血儿。他是一位雕刻家、摄影家和电影导演。他的艺术创作，特别是他的绘画，既从真正的非洲文化，也从欧洲影响中获得灵感。换言之，奥利对艺术具有全球视野，这体现在他寻求安哥拉文化与国外文化的融合上。他也使用传统的仪式图像来设计与当代现实相关的现代艺术品。他的作品赢得了国际认可，并在全球展出。其他有名的造型艺术家包括奥古斯托·费雷拉·安德拉德（Augusto Ferreira de Andrade）、弗朗西斯科·多明戈斯·范—杜内姆（Francisco Domingos Van-Dúnem）、豪尔赫·古姆比（Jorge Gumbe）、费尔南多·阿尔维姆（Fernando Alvim）、安东尼奥·戈麦斯·冈加（António Gomes Gonga）和阿尔瓦罗·马西埃拉（Álvaro Macieira）。

许多安哥拉艺术家都是自学成才，并没有接受正规教育或专门的艺术培训。例如，著名的现当代艺术画家奥古斯托·德·安德拉德（Augusto de Andrade）就是自学成才的艺术家，他创作了许多安哥拉的邮票。许多手艺人是家庭学徒或当地艺术家培训的产物。

不过，一些艺术家受到很好的训练，毕业于艺术院校。安哥拉有几家艺术院校可以提供专业的艺术培训，比如罗安达的国家造型艺术学校（Escola Nacional de Artes Plásticas）、艺术和文化培训国家研究院（the National Institute for Artistic and Cultural Training）、奥利维拉·萨拉查工业学校（Oliveira Salazar Industrial School）以及艺术、媒体和绘画学校（the School of Arts, Media and Painting）。不过，许多艺术家是在国外接受训练，毕业于其他非洲国家、拉美和欧洲国家的院校。有时，专业的艺术家组织也以工作坊的形式提供培训。

安哥拉艺术家的工作条件远非理想。在内战期间，艺术不被重视，并且现存的文化设施遭到破坏。尽管战争结束以来文化发展获得了动力，但许多艺术家仍缺乏工作所需的必要设备。尽管有些已在工作室工作，但大多数艺术家仍在家中工作。 85

安哥拉有一些代表和捍卫艺术家利益的职业组织。一个是1997 年在本吉拉成立的全国造型艺术家联合会（the União Nacional Artistas Plásticos, UNAP），它在罗安达有另一个中心和展览馆。UNAP 拥有包括诸如维特斯和奥古斯托·德·安德拉德等一些杰出的安哥拉艺术家在内的大量会员。其他艺术家团体有民族主义者（Os Nacionalistas）和造型艺术家青年先锋队（'Da Brigada de Jovens Artista Plásticos，BJAP）。作为它们活动的一部分，这些组织定期举办安哥拉艺术展，特别是绘画和雕刻的展览。通过这些展览，年轻艺术家及其作品得到推广。

安哥拉的艺术家特别是新生代艺术家通过艺术竞赛使他们的作品得到提升。一次这样的比赛于 2005 年 3 月在罗安达举行，由 OT 非洲航运公司（OTAL）赞助，它是服务于西非的领先的航运公司。这个比赛旨在向国际社会展示安哥拉的后起之秀。这次比赛的获奖作品是曼努埃尔·何塞·文图拉（Manuel José Ventura）的一幅绘画作品，他出生于 1981 年。他的作品和其他入围决赛的作品一起在重要的欧洲城市进行了展览，并且文图拉获得了 5000 美元的现金奖励。

安哥拉的职业艺术家面临着赞助的问题。尽管艺术受人赏识，但在一个贫穷泛滥的社会，大部分人无力为艺术支付哪怕是微薄的资源。安哥拉艺术品的经销商和收藏者大部分是欧洲人。安哥拉的艺术品也许在国外比在国内更流行。例如，乔克维的雕刻品在西方国家是最有价值的非洲艺术品，经常被发现在欧洲、美国和日本的主要艺术品博物馆和展览馆中展示。

在本地市场狭小的情况下，艺术家是很难只靠艺术品创作来生存的。特别是那些在罗安达和洛比托的艺术品商业区之外工作的艺术家无法靠作品谋生。著名的艺术家何塞·德拉加多·戈麦斯（José Delgado Gomes）对只靠艺术谋生的困难做出如下评论：

作为艺术家，很难做到不欠债。在安哥拉根本没有市场。在小地方没有游客，当地人喜欢的是威士忌，而不是艺术品。①

因此，艺术品的全职创作在安哥拉是不可行的。大部分艺术家把职业艺术和诸如新闻、摄影、图片设计等其他职业结合起来。甚至地位很高的艺术家也是如此。范一杜内姆是一位有名的画家且拥有教育艺术学位，同时也是一名大学教师；阿尔瓦罗·马西埃拉是一名画家，同时也是一名作家和记者，是安哥拉国家通讯社的文化编辑。

86

（5）艺术品展览馆、中心和博物馆

艺术品展览馆和博物馆在安哥拉视觉艺术的发展中起到非常重要的作用。在漫长的内战期间，只有很少的展览馆在营业。不过，自内战结束以来，展览馆越来越成为艺术欣赏的重要途径。最有名的展览馆位于主要的城市，特别是罗安达，在那里有大量的艺术品观众。

安哥拉最早的展览馆之一是罗安达的洪比—洪比展览馆（Galeria Humbi-Humbi）。罗安达的其他展览馆有塞纳留斯展览馆（Galeria Cenarius）、时尚之窗（Espelho da Moda）和SOSO—当代艺术展览馆（Galeria SOSO-Arte Contemporânea）。埃林加（Ellinga）也在罗安达，它既是一个文化中心，也是一

---

① 引自英奇·瑞格洛克（Inge Ruigrok），"'新'安哥拉的艺术"（Art in the 'New' Angola）。

个艺术展览馆。全国造型艺术家联合会（UNAP）在罗安达和本吉拉拥有自己的展览馆。这些展览馆展示从手工艺品到雕刻品等各种安哥拉艺术品。一些展览馆有时也举办国外艺术家的作品展。除了是展示安哥拉艺术品的一个窗口外，展览馆也作为本地艺术家销售其作品的场所。

很多博物馆也展示大量的安哥拉艺术品。在北隆达省东北部的东多博物馆（The Museu do Dundo）从殖民地时期就已存在。这个博物馆用来储藏一些在世界各地发现的最好的乔克维艺术品。不过，国际艺术品非法交易已经使这个博物馆的大量收藏品流失了。更为当代的博物馆包括安哥拉博物馆（the Museu de Angola）、葡萄牙文化中心（the Centro Cultural Português）和国家自然历史博物馆（the Museu Nacional de História Natural），它们全都位于罗安达。当地的艺术家也拥有和运营一些私人展览馆，姆帕嘎（Mpagar）是一个例子，它由雕刻家姆帕姆布吉蒂·恩伦费蒂（Mpambukidi Nlunfidi）所拥有。

（6）艺术品交易

安哥拉的本地艺术品市场相当有限，特别是在主要的城市之外根本不存在这类市场。不过，内战结束以来，艺术品和手工艺品的销售已大为增加，特别是在旅游产业部门，即所谓的机场艺术品。艺术品商人经营大量的艺术品，包括古老的面具、雕像、绘画、织物艺术品、象牙、青铜和木制的雕刻品，以及各种形式的手工艺品。

安哥拉最有名的艺术品市场是福堂国（Futungo）市场，

位于罗安达以南数英里。它只在星期日开放，满足游客和安哥拉外籍人士群体的需要。市场的位置靠近美丽的罗安达海滩，富有的罗安达人和外籍人士经常光顾这个海滩，因此，为这些人惠顾这个市场提供了便利。罗安达市本菲卡区（Benfica）的露天手工艺品市场也同样受人欢迎。通过这些市场，安哥拉的艺术品走向世界各地，特别是在欧洲和美国变得十分流行。

街头商贩对廉价艺术品的兜售也是安哥拉艺术品市场的组成部分。在街角或大马路叫卖的商贩销售从手工艺品到大规模复制的画作等多种廉价艺术品。一种新的市场也出现在网络空间上。由在美国和欧洲的经销商及一些在国外工作的安哥拉艺术家经营的一批网站扩展了安哥拉艺术品交易空间。一些传统的安哥拉艺术品，特别是面具和雕刻可能相当昂贵，卖到几千美元，这部分是因为在今天这些艺术品制作得很少了。

安哥拉艺术品交易的一个不利因素是不断增加的非法交易趋势，通过这种方式一些最好的安哥拉艺术品非法流入外国。珍贵的艺术品从安哥拉国家博物馆被盗的事情已有报道。2001年底安哥拉文化服务部门报告说，盗贼从东多博物馆偷走了一件稀有的16世纪的姆瓦娜·波娃面具。据报道，2000年6件隆达—乔克维雕像被从罗安达的人类学博物馆盗走。稀有的艺术品也被从在卡宾达的博物馆偷走。①

---

① 对这些报道，请参见"安哥拉被盗的艺术品"（Angolan Artifact Stolen）。

建筑和房屋

安哥拉的建筑是现代与传统的混合。在主要的城市，比如首都罗安达、省会城市、一些沿海城市，现代西式风格的建筑随处可见。特别是罗安达，以及诸如纳米贝、本吉拉和洛比托这些沿海城市拥有大量引人注目的葡萄牙风格的殖民地建筑物。与城市形成鲜明对比的是，农村地区的建筑简朴又传统，缺乏现代性。

（1）城市地区

葡萄牙对安哥拉的长期历史和文化影响明显体现在城市中心的建筑上。历史性建筑特别是教堂可追溯至15世纪，它们反映了葡萄牙的建筑风格。巴罗克式的教堂通常很宏伟、装饰华丽，一些有意大利大理石祭坛。

拥有明显的葡萄牙殖民地建筑印记的最早教堂之一是在罗安达岛（Ilha de Luanda）的海角圣母教堂（Igreja da Nossa Senhora do Cabo），这家教堂起初建于1575年，1669年进行了重建。另一家是17世纪的天主教教堂，位于罗安达的雷梅迪奥斯圣母教堂（Igreja da Nossa Senhora dos Remédios）。这家建于1679年的教堂坐落于银河街（Rua Rainha Ginga），有两座引人注目的双子塔。殖民地建筑风格的其他教堂包括在阿尔塔市（Cidade Alta）拉哥多帕拉西奥（Largo do Palacio）的耶稣教堂（Igreja da Jesus）、在环境广场（Praça do Ambiente）的拿撒勒人教堂（Igreja da Nazaré）、在扎伊尔省刚果市的塞教

88

堂（Igreja da Se）和在纳米贝市的圣保罗蒂亚戈教堂（Igreja da Sao Tiago）。尽管历年来几经整修，但这些教堂仍保留着葡萄牙的建筑风格。

安哥拉国家银行（the Banco Nacional de Angola）大楼也承载着葡萄牙殖民地建筑风格的印记，它由建筑师瓦斯科·瑞加利埃拉（Vasco Regalieira）设计，1956 年由葡萄牙总统弗朗西斯科·克拉维罗·洛佩斯（Fransisco Craveiro Lopes）捐建。在安哥拉，巨大穹顶的粉红玫瑰色的建筑物是葡萄牙殖民建筑风格的一个最好例子。

除了殖民地风格的建筑之外，主要城市的许多建筑物在结构上是现代的，以带有一些本土化的欧洲风格建造。作为首都和主要的商业、工业和港口中心，罗安达有许多壮观的现代建筑，这类建筑在任何一个重要的西部城市都可发现。在市中心，有许多摩天大厦和高层建筑。通常，现代的建筑是酒店、宾馆、博物馆、综合性公寓、教育机构、政府大楼和教堂。

89

城市的居住安排是基于社会经济地位的。这在像罗安达这样的城市中非常明显，在那里一小撮富人与大量穷人之间的居住条件存在鲜明的反差。典型的较高收入者的居住社区是现代的、混凝土平房或者有阳台和走廊的多层楼房。这些房子通常很高大、宽敞、舒适且设计美观，尽管有些并不是很壮观。在居民区，有些房子是按照葡萄牙建筑风格建造的。有些实际上则是老旧的殖民地别墅，它们是 1975 年安哥拉获得独立时葡萄牙的官员所遗弃的。许多家庭都有院墙，以阻止闯入者和盗贼。

大城市里的绝大多数人口生活在成片的、杂乱无章的、贫穷且拥挤的住宅区（*bairros*）。这些充满贫困的住宅区的居民通常是战争难民或者流离失所者，他们从农村或战争摧毁的地区迁移出来，以在远离内战破坏的城市中谋生。在这些下层居住区的房子有着不同于富裕地区的独特建筑风格。例如，像罗安达的萨姆比赞加（Sambizanga）地区这种典型的郊区棚户区是贫民区（*musséques*）建筑风格。

贫民区是非常穷的人居住的社区，成千上万的人住在这拥挤的环境中，没有现代的生活福利设施和基本的公共设施及服务，比如平整的道路、电、自来水、污水和垃圾处理，以及其他卫生设施。在 1975 年安哥拉独立之前，这个贫民区就已出现了，不过在战争年代扩大了，当时因为受战争影响地区的人口流动使得罗安达的人口急剧增加。

贫民区中的建筑物由破败的、临时性的房子（*cubatas*）构成，这些房子是由泥巴、硬纸板、废金属、塑料布或任何其他可用材料搭建的。在贫民区，没有室内卫生间，居民使用临时搭建的户外公厕，没有现代的卫生设施。

通常，贫民区的居民会对他们的小屋四处做些小的改进。在有些情况下，泥土或者混凝土取代了由废木头或其他类似材料建造的临时屋墙。在其他情况下，瓦楞状的、生锈的锡片取代了某种形式的临时屋顶，尽管新的金属屋顶是不规则的，且不能有效地防雨。[①]

---

① 以下这些作品对贫困区的生活进行了考察：蒙泰罗（Monteiro），"从扩展家庭到残缺家庭"（From Extended to Residual Family）；摩尔曼（Moorman），"决斗乐队与好姑娘"（Dueling Bands and Good Girls）。

安哥拉的建筑景观也点缀着一些纪念碑和雕塑，这在罗安达最常见。其中广受欢迎的纪念碑是罗安达的一个青铜雕塑——女英雄纪念碑（Monumentos das Heroínas），它是为了缅怀妇女及她们在安哥拉独立战争期间的贡献。独立后，安哥拉采纳了马克思主义的意识形态，并且政府竖立了本地英雄的纪念碑和雕像，这让人想起在像前苏联这样的共产主义国家所见到的纪念碑和雕像。实际上，一些雕像由共产主义的北朝鲜企业所建造。最有名的纪念碑之一是阿戈斯蒂纽·内图的纪念碑，他是内战英雄和安哥拉独立后的首位总统。

（2）农村建筑

安哥拉的大量人口生活在农村地区的村庄里。农村地区主要由低社会经济地位的人构成，这里的传统房屋明显不同于城市中心。

农村里常见的是农庄住宅或者由泥土和椰纤屋顶构成的小屋。有时，一些经济状况好些的人建造更大且更精致的土房，甚至带锡顶的混凝土房子。一般而言，村庄由许多家庭院落构成，每个院落有许多小屋。如果是一夫多妻制，那么这些院落有给家庭男性户主的独立小屋，及给每个妻子及其孩子的独立小屋。像在翁本杜人的院落中，其他的建筑物可能有一个用于招待客人的客厅（onjango）、一个做饭和吃饭的厨房（ociwo）、一个储藏东西的谷仓（osila）、一个饲养动物的圈棚以及一个神堂（etambo）。在恩甘戈拉（Ngangela）人中，院落中的小屋通常以圆形排列，称之为奎姆博（kuimbo）。在这个圆形院落的中心是一个开阔的空地，供孩子们玩耍和晚上休闲之用。院落通常有栅栏，其目的与其说是为了防止盗贼，不如说更是为了防止鸡之类的动物走失。

（3） 房屋装饰

无论是在城市地区，还是在农村地区，都进行房子涂漆和装饰。在城镇里的居住房屋通常里外都粉刷。粉刷的颜色取决于口味。有些房子可能用明亮的丙烯酸颜料粉刷，而有些则用不太明亮的颜色。

在农村地区，土房子的外墙可能绘有几何图案，它们也许对居住者具有特殊的含义，或者只是审美需要。在隆达人中，屋墙的艺术性绘制很常见，这起源于该民族的沙画传统。[①]

（4） 内战与建筑

如同我们所预期的，长期的内战对安哥拉的建筑造成了很大破坏。由于炮击和轰炸，战争导致大量的建筑物部分或全部损坏。万博的毁坏是战争对安哥拉建筑设施破坏性影响的一个例子。一些被毁坏的建筑代表了葡萄牙建筑风格的精华。

内战不仅影响了城市建筑，在农村地区也可同样看到其严重影响。特别是在整个中部安哥拉，村庄几乎完全被破坏。村庄住宅的毁坏迫使许多人逃往荒野地区，或者进入由临时建筑构成的难民营。

不过，内战结束以来，已经做出大量的努力来重建安哥拉

---

① 关于隆达人的房屋绘制的更多内容，请参见雷迪尼亚（Redinha），《隆达人的墙壁绘画》（*Paredes Pintadas da Lunda*）。

的基础设施。伤痕累累的建筑物被翻修，在战争期间搁置的建筑项目恢复动工。恢复安哥拉建筑尊严的决心被强调，2005年1月，文化部部长鲍温图拉·卡多索（Boaventura Cardoso）要求要特别关注对安哥拉的纪念碑和历史遗迹的修复。[①] 在农村里，像英国乐施会（Oxfam GB）这样的非政府组织正在帮助开展重建任务，这个组织致力于落后地区的发展项目。

93

---

① 请参见"文化部部长要求修复纪念碑和历史遗迹"（Minister of Culture Calls for Restoration of Monuments and Sites），载于安哥拉共和国（Republic of Angola），《安哥拉驻英国大使馆通讯简报》（*Newsletter of the Embassy of Angola in the UK*）（第 101 期）。

5 休闲、服饰和饮食

休闲、服饰和饮食是一个民族文化和认同的重要元素。在战后和平安宁的新时代，安哥拉民众重燃了对休闲的狂热喜爱。与此同时，当谈及瑰丽的安哥拉民族文化时，我们还要考虑到其种类繁多的服装款式，从正式的、仪式性的到休闲的、日常性的。此外，安哥拉的美食也品种丰富、花样百出。传统的非洲菜式在安哥拉比比皆是，并且愈发流行。一些欧洲菜式，尤其是葡萄牙菜式，在精英阶层中间或罗安达、本吉拉、洛比托和卡宾达等地的外籍人士社区中也深受欢迎。

休闲活动

安哥拉的休闲活动丰富多彩，这些活动深深植根于这个民族的文化之中。在农村居民当中，传统的休闲形式更为普遍。现代的休闲形式也很常见，并且在城市居民中尤为盛行。

（1）传统的休闲形式

农村社区仍然保留了许多古老的消遣方式。例如，在农村社区，年长的家庭成员尤其是男性长者，会在月光下给孩子们讲故事。夜晚时分，男子会三两成群地在树影下畅饮当地的杜松子酒，讨论包罗万象的话题，或者玩传统的曼卡拉游戏（*mancala*）。曼卡拉是一种木板游戏，有时也叫做播种游戏，这在许多非洲社会十分流行。这是一种典型的双人木板游戏，各地木板的尺寸并不一样。通常情况下，游戏木板有两排，每排上都沿直线分布着六个孔，在木板的两端都有一个稍宽的存储孔。这个游戏需要计算能力、智慧和巧妙地移动，玩家需要沿着凹槽移动种子（或石头）以夺得对方的所有种子。安哥拉的曼卡拉游戏在诸如基拉（*Kiela*）、奥威拉（*owela*）、姆瓦拉瓦拉（*muvalavala*）、特奇拉（*tchela*）、卢维里（（*lueli*）、姆文杜（*mwendo*）、奎恩多（*quendo*）、乌伊拉（*uela*）、甘恩多（*gando*）、贝瑞（*biri*）和德奎（*déqui*）等不同群体中有着不同的玩法。曼卡拉在安哥拉非常流行，以至于安哥拉专门为其创立了奖金高达 1500 美元的基拉大奖赛（Kiela Prize）。[①]当男人沉浸于上述活动时，女人可能正在相互弄头发、编织或仅仅是聊天，以此来消磨时光。

96

节日给了大家闲暇时间，因而深受男女老少的喜爱与期待。在乡村节日或传统仪式上，那些服装五彩斑斓的化妆舞者增添了更多乐趣。诸如孩子出生或命名、成人礼、订婚、结婚

---

① 若想了解更多有关安哥拉曼卡拉游戏的信息，请参见伊利西亚·桑托斯·席尔瓦（Elísio Santos Silva）的《安哥拉的曼卡拉木板游戏》（*Jogos de quadrícula do tipo mancala com especial incidência nos praticados em Angola*）（里斯本：热带科学研究院，1995）。

和老人的葬礼等仪式也给大家提供了休闲的机会。人们常常会精心安排此类仪式，并且在这类仪式上还会有跳舞、唱歌、吃饭、喝酒和聊天等娱乐活动。

（2）现代社会中的休闲

安哥拉人沉浸于五花八门的休闲活动，不论他们是城市居民还是农村居民，也不论他们的社会经济地位如何。像任何其他民族一样，对安哥拉人来说，休闲是一种享受人生、减缓压力和摆脱乏味生活的方式。城市化和现代化并没有弱化传统形式的休闲活动。在现代化的城市环境之中，庆典、社交活动、礼节性拜访也十分流行，这为人们的社会化提供了重要机会。家财万贯的富裕人群常常会抓住每一个举办派对的机会，为大家奉上经过精心设计、有时会延续整个通宵的奢华派对。举办这类派对的目的可能是为了纪念人生里程碑式的 40 岁、50 岁、60 岁和 70 岁生日，可能是为了庆祝孩子大学毕业，也可能是为了庆祝购买新车或是新房子完工。当宣布要举办这些派对时，家人、朋友、邻居、熟人和祝福者就会期待着活动的到来。

安哥拉还有一些其他的休闲活动，这些活动在城市人口中更为盛行。这些活动种类繁多，从简单、便宜的到专业化的，应有尽有。例如，夜晚时分在罗安达海湾闲庭信步，或者在城区参观别具一格的殖民建筑，这些都是简单的休闲活动。而在另一方面，潜水和冲浪这类休闲活动则需要一定的专业技能和相当昂贵的装备。

（3）体育运动

对大多数安哥拉人来说，各式各样的体育运动已经成为非常普遍的休闲方式。最流行的运动之一就是篮球，篮球比赛常常能吸引到一大群围观者。安哥拉人热衷于追随各种篮球比赛，不论是国际的、国内的，还是当地的。这项运动如此受欢迎归功于安哥拉极为成功的国家篮球队，这支队伍多年来始终是非洲最优秀的球队之一，即使在内战时期也是如此。安哥拉篮球队已经数次获得负有盛名的非洲篮球锦标赛冠军。当它在2005年再次夺得该项赛事冠军时，这支队伍宣告了它的王者地位。安哥拉篮球队也参加过多次世界锦标赛，例如，1986年西班牙的埃尔费罗尔世锦赛、1990年的阿根廷世锦赛和1994年的加拿大世锦赛。毋庸置疑，民众对篮球的热情及其国家队的高质量帮助安哥拉赢得了2007年非洲篮球锦标赛的举办权。

尽管安哥拉的国家足球队没有获得像国家篮球队那样辉煌的成绩，但是足球在安哥拉也非常受欢迎，可谓是一项国民运动。安哥拉足球联合会负责组织国家足球相关事宜，并管理国家队。2005年10月，这支被称为"大黑羚羊"（*Palancas Negras*）的国家队首次闯入世界杯决赛圈，令安哥拉全国上下为之自豪。在2006年6月举办的德国世界杯上，这支队伍在出局前仅取得一场胜利。不过，这支队伍在归来之时仍得到英雄般的欢迎。

经常会有一大群人聚集在体育馆，比如城堡（Cidadela）体育场，观看整晚的球赛。事实上，足球已经成为一种全民性的爱好，吸引了无数男女老少。足球极其流行，以至于人们不仅在传统的足球场上踢球，而且几乎可以在条件允许的任何地方进行这项运动。

安哥拉人不仅不会错过那些重要的足球比赛，例如，国家级别的比赛，而且在任何有组织的比赛甚至地方性比赛中，也经常有大量的足球爱好者观看。因此，高中联赛总是有很多人观战。在年轻人中，足球是最受欢迎的消闲方式之一。只要有空闲时间，学龄期的男孩子们便会在学校或社区的开阔空间踢球。

除篮球和足球这类每逢重要赛事总能吸引大量人群观看的运动之外，其他的运动也可供安哥拉人休闲娱乐。许多安哥拉人热衷于观看田径、乒乓球、草地网球、高尔夫、壁球、曲棍球、排球和手球等运动。对一些人来说，骑自行车、骑马、健美操和健身、武术、划船、垂钓和潜水也是极具娱乐性的。然而，除了那些富有的安哥拉人和外籍人士，很少有人能接触到这类休闲活动。这些运动常常专属于某些特定的群体，想参与其中需要缴纳高昂的会员费。

对许多人来讲，仅仅是与他人分享自己对某个体育赛事的观点和看法，这本身就是一种消遣。人们会在大街上、咖啡馆和餐厅里谈论比赛，尤其是足球比赛，甚至在工作时间里也会如此。当自己喜欢的队伍或国家队获得一场胜利时，人们常常会以狂欢节般的方式加以庆祝。例如，大黑羚羊队从世界杯首秀返回时，迎接他们的是约 50 000 名罗安达民众长达一周的热情接待和一场有总统多斯·桑托斯出席的庆典。

（4）游泳和沙滩活动

在安哥拉，游泳是另一项深受大家欢迎的消遣活动。尽管很多地方特别是农村地区并没有公共游泳池，但人们仍然喜欢在河流和溪水中进行这项运动。游泳池在宾馆、酒店和一些私人俱乐部比较常见，但是它们只针对客人开放。一些公共场所也具有向民众开放的游泳设施。

安哥拉的沙滩给人们游泳和参加其他的沙滩活动提供了更佳的机会。这个国度的西部沿海地区拥有许多美丽的沙滩。沙滩活动是一项重要的休闲活动，尤其是在罗安达、本吉拉、洛比托和纳米贝这类临近大西洋的沿海城市。罗安达境内有许多非常热门的沙滩，其中最让人流连忘返的就是罗安达岛（Ilha de Luanda）和姆苏鲁岛（Ilha de Mussulo）。帕尔梅里尼亚什（Palmeirinhas）海滩和圣地亚哥（Santiago）海滩分别位于罗安达的南北两端，海岸线绵延漫长，沿途种满了棕榈树，十分宏伟壮丽。位于大西洋再往南的卡波利多（Cabo Ledo）沙滩，正迅速成为冲浪圣地。此外，本吉拉省也拥有一些优质沙滩，例如，考塔（Caota）、考廷哈（Caotinha）、巴亚—阿苏尔（Baía-Azul）和巴亚—法尔塔（Baía-Farta）。

除了游泳这一主要的海滩休闲活动之外，安哥拉的沙滩还为人们提供了放松、日光浴、野餐和观光的机会。其他的休闲活动包括垂钓、潜水和冲浪。值得一提的是，潜水正成为一项重要的沙滩娱乐项目，它原先多在外籍移民中流行，而现在安哥拉人也越来越接受这种娱乐方式。

（5）市场

安哥拉有许多露天街市，其中有些非常大，商品种类丰富。这类市场成为休闲娱乐胜地，吸引着一大批人前来购买或观赏琳琅满目的商品，从制作精巧的木质面具到种类繁多的布匹面料应有尽有，令人目不暇接。对许多安哥拉人来说，逛市场已经成为一项重要的室外活动和消遣方式。在主要的市场上，例如，罗安达的罗克·桑泰罗（Roque Santeiro），会有数以千计的小贩售卖五花八门的商品。其他小一点的市场，如圣保罗市场（Mercado São Paulo）、吉纳西谢市场（Kinaxixe）及礼品市场（Mercado do Prenda）。有时，一些市场还有另外的吸引力。例如，罗安达附近的福堂国（Futungo）工艺品市场凭借其毗邻海滩的优势，成为许多人周末最喜欢去的地方。经常会有当地音乐家在那演奏传统音乐。

（6）电影和剧场

在安哥拉，看电影是一种重要且流行的消遣方式，2002年内战结束后，它变得愈发普遍。战争期间，安哥拉的电影产业备受忽视，电影本身也是如此。比如说，在罗安达深受大家喜欢的电影院，诸如卡尔·马克思电影院（Karl Marx Cinema）、五一电影院（the First of May Cinema）和国家剧院（the National Theater），在那时都被废弃了。然而，这一境况在近几年有显著改善。主要城镇至少建有一家电影院。尽管由于乡村缺少电影院，许多居民仍不能便利地看上电影，但是有些农村地区还是会通过移动电影院为大家播放电影。看电影在

年轻人群体中变得越来越受欢迎，他们常常会在周末沉浸于电
影的世界中。

电影院的观众常常没有多少选片余地。独立之前，安哥拉
拍摄了许多革命纪录片，这种以民族解放为主题的纪录片被称
为游击战电影。安哥拉人民能观看的多是葡语字幕的外国电
影；在 20 世纪 90 年代，功夫电影也曾风靡一时。然而，因为
当地电影产业相对落后，安哥拉的确缺少本土电影作品。由于
放宽了对音像制品发行的限制，在 20 世纪 90 年代，廉价盗版
电影的猖獗进一步破坏了本土电影产业，阻碍了剧场的产生与
成长。

这一境况在战后时期逐渐改变，电影产业开始迅猛发展。
该产业在 2004 年出现大跨越，当年有三部电影问世。其中最
重要的一部是泽泽·甘博亚（Zezé Gamboa）执导的电影《英
雄》（o Herói）。这部振奋人心的电影讲述的是安哥拉战后重
建的故事，荣获了多项大奖，其中包括 2005 年圣丹斯电影节
（Sundance Film Festival）的世界电影评委会大奖，以及在洛杉
矶举行的泛非电影节（the Pan Africa Film Festival）最佳剧情
奖。另外两部当年问世的电影是奥兰多·费顿纳多·德·奥利
维拉（Orlando Fortunato de Oliveira）执导的《坎洪卡的火车》
（Comboio da Canhoca）和玛丽亚·甘佳（Maria João Ganga）
执导的《空城》（Na Cidade Vazia）。因此，电影观众能够越来
越多地看到安哥拉拍摄的电影。①

———————————

① 瑞格洛克（Ruigrok）的"安哥拉电影在战后的繁荣发展"（Angola Cinema
   Flourishes after the War）中有一些关于安哥拉电影产业发展的分析。

现在，电影院不仅仅放映电影。例如，罗安达受欢迎的卡尔·马克思电影院、热带电影院（the Tropical）和大西洋电影院（Atlântico）也举办大量的文化音乐表演。2003 年 10 月，美国摇滚艺人特蕾西·查普曼（Tracy Chapman）就曾在卡尔·马克思电影院和热带电影院公开演出过。[①]

尽管去电影院正迅速受到更多人的喜爱，但许多城市里的录像厅也提供了另一种娱乐来源。出租店提供了各种语言字幕的录影带，主要是葡萄牙语、法语和英语。在不少商店中，人们还可以买到译制水平很差的劣质录像带。

（7）传媒娱乐

对许多安哥拉人来说，传媒也是一种重要的娱乐来源。电视台主要播放本地制作的娱乐节目、纪录片、音乐电视节目和电影。葡萄牙、巴西、美国等地的外国电影和肥皂剧也会在电视上播放。流行的美国电影和电影明星在安哥拉也很出名，安哥拉民众熟知的阿诺德·施瓦辛格（Arnold Schwarzenegger）、杰克·尼克尔森（Jack Nickolson）和伍迪·艾伦（Woody Allen）。卫星接收器在农村地区变得愈发重要，这使得越来越多的人能够看到更多的影片。电视也给许多人观看足球及其他赛事开通了一条渠道。

安哥拉人也通过收听广播来打发时间，这种娱乐方式对人们来说更容易获得。像电视一样，广播也提供种类繁多的娱乐

101

---

① 若想简要了解安哥拉电影的历史，请参见摩尔曼（Moorman）的《论西部电影、女性和战争》（*Of Westerns, Women, and War*）。

节目和音乐。尽管商业广播电台也播放本地内容,但大部分是外国元素,尤其是有关葡萄牙和美国的内容。

由于安哥拉的戏剧产业并不活跃,戏剧表演在当地较为冷门。[1] 这在一定程度上是因为安哥拉缺少能支撑该产业可持续生产的基础设施和制度安排。然而,城市中的精英阶层经常会在诸如罗安达的国家剧院和新开张的阿戈斯蒂纽·内图文化中心等地观看由本地或国外剧团表演的戏剧。才华横溢的安哥拉艺术家偶尔也会在诸如卡尔·马克思剧场这类主要的剧场和主要城市周边略小的场地举行音乐会。

(8) 旅游景点

尽管内战严重阻碍了安哥拉旅游业的发展,但其境内仍有大量的旅游景点。各个旅游景点为许多人提供了休闲娱乐的机会。其中,最热门的景点是姆苏鲁岛宽阔的沙滩,罗安达当地人和游客常去那里游玩。这片美丽的沙滩沿途种满了椰子树,为游泳、日光浴、钓鱼和冲浪等各种休闲活动营造出了祥和的氛围。包括罗安达岛在内的一些沙滩上建有度假中心,具备小屋、饭店和酒吧等休闲设施。海滩成为那些有支付能力的人周末休闲享乐的好去处。

博物馆和美术馆也为安哥拉人提供了休闲娱乐的场所。最热门的博物馆之一是奴隶制博物馆(Museu da Escravatura),它坐落于罗安达南部沿海一个能鸟瞰沙滩的山顶上。该博物馆

---

[1] 若想探究非洲葡语戏剧的起源,请参见米特拉斯(Mitras)的"葡语非洲国家的戏剧"(Theatre in Portuguese Speaking African Cuntries)。

是一栋白色建筑，据说那是非洲俘虏在通过臭名昭著的中央航路被运往新世界目的地之前被关押的地方。该博物馆保存了那段发生在安哥拉海岸上的大西洋奴隶贸易的历史。

另一个重要的景点是罗安达的国家人类学博物馆（the Museu Nacional de Antropologia），该景点深受工艺品爱好者的追捧。在这里，参观者可以尽情观赏那些令人震撼的非洲艺术收藏品。洪比—洪比（Humbi-Humbi）艺术展览馆也为人们提供了欣赏艺术品的机会。罗安达的自然历史博物馆（the Museum of Natural History）也深受安哥拉人的喜爱，它的一些房间展览安哥拉的海洋生物。罗安达的军事博物馆（the Military Museum）也很受欢迎，它坐落于一个历史性的军事堡垒之中。

野生动植物和公园是安哥拉人休闲娱乐的另一场所。安哥拉通过公园和保护区来努力保护那些濒临灭绝的野生动植物和珍稀鸟类。国家级的公园和保护区在该国境内星罗棋布，包括马兰热省的宽渡（Kwando）和坎甘达拉（Cangandala）、莫希科省的科美亚（Kemeia）、威拉省的贝库拉（Bicuar）、库内内省的穆帕（Mupa）以及纳米贝省的艾奥纳（Iona）。

安哥拉最著名的国家公园是坐落于罗安达以南约 45 公里处的基萨玛国家公园（the Kissama National Park）。尽管安哥拉内战和猖獗的盗猎行为对其产生了负面影响，但这个公园仍然以其大量的动物品种而闻名于世，如狮子、长颈鹿、水牛、羚羊、大象、野猪、犀牛和许多其他动物等。该公园也为人们提供了多种休闲活动，如徒步旅行、观光、露营、野餐、导览旅行和泛舟。公园里还建有品质优良的小屋式酒店，配有标准的设施，如浴室、双人床和电视等。

作为一片拥有全景式自然风光的陆地，安哥拉还有许多如瀑布、岩层等宏伟壮丽的天然景观，它们已经成为大众尤其是游客休闲娱乐的重要场所。卢卡拉河（the Lucala River）位于马兰热省首府马兰热市的中北部，那里有一条壮丽的瀑布——卡兰杜拉瀑布（the Kalandula，旧称为 Duque de Braganca falls）。这条瀑布落差达 300 英尺，是一处名副其实的壮丽景观。在马兰热省的蓬戈安东戈（Pungo Andongo）地区还有一片巨大的黑石群（Black Rocks）。那里的岩石呈现动物的形状，每一块高度都约为 300 英尺，大自然的鬼斧神工造就了这一奇观，使之成为了一个极具吸引力的景点。

（9）夜生活

夜晚时分，城市中的安哥拉人经常会去饭店、夜总会、咖啡厅和酒吧放松生活，人们在那里聊天、喝酒、跳舞、社交，以度过这段美妙的时光。这些场所在安哥拉有很多，许多城市居民喜欢光顾于此。一些罗安达闹市区的饭店会供应世界各地的美食，收费相当昂贵，安哥拉的富人和外籍居民是这里的主要消费人群。其他一些仅提供当地食品的地方要便宜许多。路边临时摆摊的妇女会贩卖当地的美食和酒精饮料，其顾客既有当地人也有侨居者。

夜总会在战后的安哥拉变得越来越流行。许多饭店都有夜总会，例如，罗安达的大陆酒店（Hotel Continental）和丽景酒店（Hotel Panorama）。单独的夜总会在大城市中也越来越普遍。在罗安达最受欢迎的夜总会有巴鲁姆卡（Balumuka）、名

103　人迪斯科酒吧（Pub la bamba Boite）、巴黎咖啡厅（Cafe Paris）、塞纳留斯（Cenarius）、争议（Contencioso）、堂吉诃德（Don Quixote）、哈瓦那咖啡厅（Havana Café）、并行 2000（Paralelo 2000）、塔姆巴利诺（Tambarino）、马路剧院（Teatro Avenida）和赞瓦罗蒂（Xavarotti）。

在安哥拉，周末的夜生活比工作日要兴盛得多，许多夜总会一直营业到凌晨。通常情况下，夜总会有售卖各种酒精饮品的吧台，从当地酿制的啤酒到昂贵的进口葡萄酒应有尽有。实际上，喝酒是夜总会中最常见的消遣方式，安哥拉官方对酒精消费没有年龄限制。大多数夜总会都有迪斯科舞厅，唱片播放员（DJ）会为酒吧中激情四射的人们播放西方流行音乐，尤其是美国的嘻哈音乐（Hip-hop）。除了喝酒，对许多到夜总会的人来说，舞池才是真正吸引人的地方，他们会尽情舞蹈直到凌晨。

与女性相比，男性能够更为自由地光顾夜总会，并且更多地享受夜生活。女性参加此类活动会受到社会和文化价值的限制。流连夜总会的女性可能会被视为放荡和声名狼藉的人。然而，城市中的年轻女孩发现打破社会和文化禁忌不再如此困难，因而在夜总会也可能寻到她们的踪影。夜总会为青年男女提供了越来越多的约会机会。

尽管罗安达和许多其他地方一样有着丰富的夜生活，但它也有自己不足的地方。一些酒吧，尤其是那些黑暗小巷中的低级酒吧，是卖淫的据点，其中甚至会有未成年女孩。而且过度的酒精消费还会引起各种问题，例如，打架、偷盗、抢劫以及更严重的犯罪活动。

人们总是会在公共假期或宗教节日等无需工作的时候举办休闲活动。安哥拉人利用假期来举办派对、野炊狩猎、观光以及去海边和其他娱乐地点。平安夜至元旦的圣诞季是最重要的欢庆时期。人们常常会举办一个时间长达一周的野餐会，各种社会、种族和文化团体届时会举办年度派对，家人重新欢聚在一起，大快朵颐，开怀畅饮。11 月 11 日的独立日也是一个欢庆的时刻，并且自内战结束后变得越来越普遍。

服　饰

安哥拉的服饰传统极大地丰富了它的文化。安哥拉的服饰款式众多，设计各异，材料多样。服装是一个人个性的表现，人们的穿衣方式，尤其是正式场合的穿衣方式，能反映出一个人的社会地位、受教育程度、宗教信仰和婚姻状况。一个人的衣着也可以透露其年龄，老年人的着装往往比年轻人保守。此外，服饰也是族群身份的一种文化表达，许多族群都有自己独特的传统服饰。

104

安哥拉文化背景下的服饰包括从头到脚的各种着装。服饰也包括人们用来装扮自己的各类饰品，比如珠宝和其他装饰物。实际上，服饰是一个人外表的全部。

（1）传统服饰

尽管西方服饰在现代化的安哥拉占据主导地位，但传统服饰仍然保留着它的文化重要性。传统的安哥拉服装由手织棉布制成，尽管有些群体也会使用动物皮毛。一件包裹着身体的罩衫搭配一条头巾是安哥拉女性的经典装扮。

人体装饰在传统装扮中十分重要。精巧的人体装饰和痕刻始终是安哥拉文化中不可或缺的一部分。对男性来说，纹身这一人体装饰形式植根于文化，有时是社会地位和声望的象征。纹身也可能是为了庆祝传统节日或参加某种仪式而专门绘制的，这是人们必须要遵循的习俗。

仪式目的的装饰并非男性特有，年轻女孩在经历成人礼或受封为女祭司时，会用白垩粉或木炭在身上做标识。但是对妇女和女孩来说，人体装饰更为重要的功能在很大程度其实是美的表现。女性用各种精致的发型装扮自己。除了编发辫，她们还会使用各种饰品来点缀自己的头发，比如珠子或顺着颈部垂至肩膀的吊坠。此外，女性还会穿戴当地制作的贝壳项链、手链、脚镯或串珠。

安哥拉传统服饰的一个重要表现就是在诸如成人礼等各种仪式和文化节日上的正式装扮。例如，戴面具的化装舞者在参加男性割礼仪式期间，会穿着许多复杂的服饰。根据特定的文化，面具舞者的服饰由不同的材质制成。通常人们会选用植物纤维制品或锤薄的树皮来装饰自肩膀以下的身体，而面具则是由木头或树脂制成。

王室的服装比普通人的更为复杂精巧。在罗安达，典型的仪式装扮是色彩鲜艳的中长裙配以头冠，头冠则是依据地位声望而定。

尽管安哥拉深厚的服饰文化已然日渐现代化，但一些偏远的农村地区却抵制这种服装形式的改变，坚持他们古老的穿衣方式。安哥拉南部（还有纳米比亚北部）的半游牧民族奥瓦辛巴人（Ovahimba）就是如此。这一民族保留了旧式装扮；女性依然裸露胸部，将红泥和牛乳脂肪抹在身上以抵御沙漠炎热的阳光。此外，她们还会梳长辫，同时仅用红泥混合物蔽体。

（2）西方时尚

西方和欧洲服饰在安哥拉出现已久，最早可追溯至殖民时期。在当时的安哥拉，教士和葡萄牙的同化殖民政策严重侵蚀了被认为是未开化的非洲文化，因而对非洲人来说，文明和开化在一定程度上意味着摒弃非洲服饰、追随欧式风格。西方服饰在安哥拉的普及是葡萄牙殖民和传教行为的产物。

现今，西方服饰不仅在城市流行，在乡村也是如此。几乎在安哥拉农村的每一个角落，西方服饰都是日常生活和大多数场合下最常见的衣着，就像我们在任何一个西方城市中看到的那样。女性的休闲服饰是衬衫和裙子，而男性则是 T 恤搭配长裤或短裤。在年轻男女中，牛仔裤非常流行。

尽管休闲装在大多数场合与非正式的社交活动中都是适宜的，但在诸如婚礼等正式场合，西化的安哥拉人会选择更为正式的着装。女士穿礼服，有时会搭配帽子；男士穿西装（或夹克）和裤子，搭配衬衫和领带。在许多地方，当地文化反对那些将私密的身体部位暴露在外的不雅着装，例如，对女性来说，胸部过于暴露就是不被文化认可的。尽管年长的女性和农村居民在穿衣方式上更为保守，但在道德标准更为宽松的城市地区，年轻女孩穿着紧身超短裙等极具挑逗意味的暴露服装也比较常见。

身体装饰或饰品仍然是安哥拉现代装扮的一部分。男性和

106

女性都会通过配搭腕表和珠宝等与着装相称的昂贵饰物来彰显自己的财富。女性把化妆品、香水、项链、小饰品、垂饰等当作对美貌的补充。

不管穿衣风格如何，安哥拉人通常会对自己的外表感到自豪。虽然许多人无法穿上价格不菲的衣服，但是大家很重视外表的整洁。某些人由于职业特征需要穿制服，例如，军人、警察、移民局官员和消防员，他们都需要在工作时间穿着国家规定的制服。一些医务工作者，例如，护士和护工也需要穿制服。此外，中学生也需要穿校服，而且每个学校都有各自不同的校服款式。

（3）服装和时尚

安哥拉的服装和时尚产业并不是很发达。尽管各个社区有当地的裁缝为其服务，但现代时尚的设计师和创作者却极少。诸如罗安达等主要城市拥有一些小型的专卖店，售卖那些从葡萄牙、美国、法国、意大利、南非等国进口的服装、鞋子、提包等商品。人们可以购买当地生产的服装，但其质量通常不高。服装及其他相关产品通常会相当昂贵，这主要是由于当地缺乏生产所必需的原材料。尽管安哥拉在 20 世纪 70 年代出口棉花，但是现在为了获得生产原料，安哥拉不得不将纺织产业转移至其他非洲国家。

饮　食

安哥拉饮食包括五花八门的传统菜肴，其中有许多都受到了外国饮食文化的影响。作为曾经的葡萄牙殖民地，安哥拉的饮食深受原先殖民国的影响。在殖民时期，远赴安哥拉的葡萄牙移民仍然吃欧式的食物，保持着原有的饮食习惯，这对安哥拉的饮食产生了巨大影响。

安哥拉常见的食品主要为面粉、豆类、米饭搭配肉类、鱼、鸡等。蔬菜是安哥拉饮食中非常重要的组成部分。甘薯叶、西红柿、洋葱和秋葵经常搭配其他食物或者作为菜肴中的原材料出现在大家面前。安哥拉人也喜欢用大蒜等辛辣的食材来调味，因而安哥拉饮食非常可口、滋味浓郁。

(1) 种类繁多的菜肴

许多流行菜肴构成了这个国家饮食的一部分。以鱼为食材的菜式极为常见，例如，卡噜噜（*calulu*），这道菜是用干鱼和鲜鱼配上甘薯叶和秋葵片制成。这道菜可能也会搭配棕榈油豆或玉米粉布丁（*funge*）。另外一种以鱼为主料的菜肴是烤罗非鱼（*mufete de cacuso*）。这道菜也会搭配棕榈油豆和熟木薯。除此以外，鸡肉制成的菜肴也深受大家喜爱，例如，用胡椒和大蒜调味的鸡肉（*muamba*），这道菜常常和棕榈油豆或玉米粉布丁搭配在一起吃①。

---

① 若想了解一些对安哥拉饮食的讨论，请参见汉密尔顿（Hamilton）的《邂逅葡萄牙美食》（*Cuisines of Portuguese Encouters*）、哈里斯（Harris）的《非洲食谱》（*The Africa Cookbook*）、赫尔特曼（Hultman）的《非洲新食谱》（*The Africa New Cookbook*）以及哈夫纳（Hafner）的《非洲的美食》（*A Taste of Africa*）。

（2）饮料

饮料也是安哥拉饮食的重要组成部分，软性饮料和酒精饮料都包括在内。常见的饮料有可口可乐、雪碧、美年达和芬达。一些软性饮料是从邻国（如南非和纳米比亚）与较远的国家（如巴西、葡萄牙）进口而来。然而内战结束以后，安哥拉软性饮料产业的生产能力保持稳步上升。这种进步归功于生产基础设施的完善，而且最近几年跨国公司在软性饮料产业上进行了大规模投资。2000 年，可口可乐公司在本戈省（Bengo）的邦热苏斯（Bom Jesus）新建了一座工厂，耗资360 万美元。可口可乐的第二个工厂建在南部城市卢班戈（Lubango）。

软性饮料几乎在任何场合都会出现，如聚会和庆典。除了软性饮料以外，在某些场合主人也会提供啤酒。然而，人们更多地是在酒吧和夜总会饮用啤酒。安哥拉的啤酒产业被安哥拉啤酒公司（Empresa Angolana de Cerveja，EKA）和新安哥拉啤酒公司（Nova Empresa de Cerveja de Angola，NOCAL）控制。那些有许多外宾光顾的大型酒店和高档餐厅也会为顾客提供各种各样的外国红酒。

那些消费不起昂贵啤酒和进口红酒的人可以购买当地酿造的饮料，如玉米啤酒、棕榈酒（*maluvu*）和玉米粉饮品（*kissangua* 或 *ocissangua*）。非常流行的一种当地酒精饮料是卡西（*caxi*），它是从木薯皮和马铃薯皮中提取出来的。梦果酌（Mongozo）也是一种传统啤酒，它由棕榈坚果制成，在欧洲人到来之前，乔克维人就已开始酿造这种酒了。尽管当地仍在酿制梦果酊,但其生产已经现代化,其产品在欧洲许多国家都有销售,尤其是在比利时,那里的范·斯丁博格公司(Van Steenberge)就生产这种酒。梦果酊进入国际市场是生活在比利时的安哥拉人恩里克·卡比亚(Henrique Kabia)积极奋斗的结果。在采用现代酿造方法的同时,卡比亚沿用了传统的非洲配方,使得原始的味道得以保留。

在传统社会中,像梦果酊这类酒精饮料被装在葫芦中售卖。人们通常认为使用葫芦能够保持正宗的味道和新鲜的口感。尽管玻璃杯很方便,但许多人还是更愿意使用葫芦盛酒。在比如酒吧、饭店等一些现代化的环境中,用葫芦盛装当地啤酒是一件非常时髦的事情。

110

(3)消费模式

在安哥拉,家庭烹饪是一个根深蒂固的传统,人们并不十分鼓励外出就餐行为。人们几乎可以在每一个城镇的室内或露天市场中购买食材。实际上,从肉类到婴儿食品,所有的食物都可以买得到。除了当地市场,在城市中心还有大型的现代超市,速冻食品、进口红酒等都可以在那里买到。在本国精英和国外侨居者中,这种超市更受欢迎。

尽管安哥拉非常重视家庭烹制的食物,但是许多城里人也会在饭馆中度过休闲时光。当地许多小型饭店只供应传统的安哥拉菜肴。一些高档餐厅,特别是主要城市中的高档饭店,会专门经营外国菜式,包括葡萄牙菜、西班牙菜、意大利菜、瑞典菜和巴西菜。在罗安达,有些最优秀的饭店坐落于罗安达岛上。安哥拉也有一些提供各种族群风味菜的餐厅,诸如罗安达的吴家园（Chez Wou）等中国餐厅和塔姆 8 饭店（Restaurant Tam 8）等越南餐厅。还有一些餐厅专做特定的食物，如鱼天堂（Fish Paradiso），它就是一家专做海鲜的餐厅。罗安达的顶级饭店装修精美，拥有室内和室外就餐区，例如，非洲美食（Afrodisiakus）、企业家俱乐部（Clube de Empresarios）和旧灯塔（Farol Velho）。像贝拉·那不勒斯比萨店（Pizzaria Bela Napoles）等餐厅提供外带食品。另外还有餐厅会供应自助午餐。大多数餐厅每天都会提供午餐和晚餐，但有一些在周日不营业。

在富人组织的派对或其他庆典上，主人们会为受邀宾客奉上丰富的菜肴，尽管经常会有未被邀请的人出现在其中。派对上可能还会有传统菜肴和鸡肉米饭。主人们也会提供软性饮料和啤酒，供宾客开怀畅饮。

6　婚姻、家庭和性别角色

亲戚是比堡垒更好的防御办法。

——翁本杜谚语

家庭和婚姻制度，以及关于家庭内部和更大社会中性别角色的观念是安哥拉民族文化的重要组成部分。尽管这些实践根植于安哥拉的文化历史，但是长期的殖民侵占及随之而来的西方文化通过教育、宗教和社会价值的输入也对它们产生了显著影响。关于婚姻、家庭和性别角色的传统观念经历了重要的转变。随着葡萄牙人来到中南部非洲，这些转变开始发生。首先是奴隶贸易，然后是殖民侵占极大地影响了传统信念。与殖民地经历相伴的是葡萄牙的宗教和文化影响。西式教育、基督教和城市化在很大程度上带来了社会变迁。

除了殖民地经历，多年残酷的战争对于安哥拉的家庭和婚姻制度也有重要的影响。例如，由于破坏性的战争，大量家庭离散。

不过，这些因素并未完全清除传统的家庭信念与实践、婚姻模式及性别角色。安哥拉仍然珍视家庭制度和亲属关系；认为婚姻是重要的，生育孩子是必要的；并重视性别角色和劳动分工。

婚　姻

婚姻在安哥拉的文化中占据重要位置。它不仅是家庭形成的核心，而且也是建立家庭间关系和社会群体关系以及不同族群之间融合的一个途径。在传统社会，婚姻不仅是两个个体之间的结合，而且也是两个家庭的联合。有时，婚姻甚至被用来建立或加强两个社群或宗族之间的关系。

除了那些信奉罗马天主教的教徒，独身主义并不为安哥拉人所认同。父母期望他们的孩子要结婚生子。包办婚姻如今不再盛行，当他们的婚龄子女，特别是女儿还没有结婚时，母亲特别为此焦虑。孩子结婚成家被认为是做父母的成功标志。年轻男性和女性都希望结婚。

大体上，存在两种类型的婚姻：传统的和现代的。下文我们会讨论这些类型；毋庸赘言，传统类型的婚姻扎根于不同族群的习俗和惯例，而现代类型的婚姻是西方影响的产物。在当代安哥拉，尽管传统婚姻仍在许多地方（特别是农村地区）存在，但已经式微。另一方面，在城市中心流行现代形式的婚姻。

（1）婚姻形式

传统婚姻最重要的特征之一是它更多地是被包办的。婚姻由家庭成员，尤其是父母，有时是其他长辈来安排。一个包办婚姻更可能是基于家庭总体的相互利益，而不是要结婚的两个人的利益。婚姻可能意在在两个家庭之间建立友谊，或者促进现存的政治或经济关系。在包办婚姻中首要考虑的并不是意欲结婚的夫妻彼此的爱慕和感情。

在传统婚姻中，女孩通常结婚很早。人们希望，新娘要比她未来的丈夫更年轻。男方的年龄更长赋予他在婚姻和家庭中的更高地位。在传统的安哥拉家庭中，妇女被认为是顺从于丈夫的。

也不像现在，传统婚姻更坚持新娘在婚前的贞操。人们希望女孩在结婚前仍是处女，新郎和新娘的父母都希望这一点在新婚之夜得到证实。对新郎的父母而言，如果新娘是处女，婚床上的血迹显示了这一点，这表明他们的儿子娶了一个品德端庄的女子。如果没有证实是处女，则是新娘家庭的一种耻辱。新郎的家庭可能会要求归还聘礼。更严厉的反应是直接取消婚姻。

一些传统婚姻是一夫多妻的，即一个男人有不止一个妻子；事实上，许多族群鼓励一夫多妻。尽管 MPLA 政府在独立后禁止这种做法，但它是一种难以根除的文化传统。在当代安哥拉，甚至在城市地区，一夫多妻制仍在实行。

西式教育和宗教的影响给安哥拉的婚姻制度带来了明显的变化。例如，在当代社会，特别是在城市地区，包办婚姻已明显减少。尽管在多数情况下，婚姻关系的确定要征求父母同意，但如今的年轻人大都在没有父母之命下自行选择伴侣。

存在两种现代婚姻形式，即教会婚姻和公证婚姻，二者都是在城镇比在农村更居主导地位。很高比例的安哥拉人采纳的

115

是基督教的结婚形式，这在城市化的安哥拉人中很常见，他们接受西式的欧洲—基督教教育。这种婚姻类型是基于基督教关于夫妻关系的信条和原则。大量安哥拉人所信奉的罗马天主教不允许一夫多妻制。基督教的学说也不赞成婚前性关系，尽管在神圣的婚礼上同意结为夫妻之前，大部分教派通常并不核实贞操问题。

现代婚姻的第二种形式是公证结婚，它是在政府雇用的法庭书记员见证下在法庭签署婚约。根据安哥拉的婚姻法条款，结婚双方要交换誓言。像教会婚姻一样，安哥拉的法律系统没有正式承认一夫多妻制。

所有的婚姻形式都非常看重婚姻的忠贞。传统婚姻不赞同婚外性行为，基督教和法庭的婚姻受到婚姻忠诚信条的指导，这也许是防止婚姻破裂的一个有效基础。不过，在当代，特别是在城市地区，出轨现象很常见。社会往往更容忍男性而非女性的婚外性行为。

尽管在西方国家和少数像南非这样的非洲国家，同性恋者呼吁承认同性婚姻，但它在安哥拉并不是一个讨论的主题。同性恋和同性婚姻是非法的，并且在文化上一般也不被接受。一个全球性的同性恋者网络——国际女同性恋和男同性恋联合会（ILGA）——曾援引安哥拉的法律，将其同性恋条款描绘为"违背公共道德的罪行"。[①] 安哥拉不赞成同性恋行为，似乎是因为许多非洲人认为它违反非洲文化。

---

① 国际女同性恋和男同性恋联合会（International Lesbian and Gay Association），"世界法律调查"（*World Legal Survey*）。

尽管还不是很常见，但应该提及在安哥拉出现的一种新的婚姻模式，那就是穆斯林人口根据伊斯兰教的仪式和传统进行的婚姻。

（2）结婚程序

在安哥拉，结婚程序因类型而异。不过，不管是何种类型，甚至在现代婚姻中，举行一个正式的介绍仪式仍是常规做法。这是一个正式将两个家庭联合在一起的相当复杂的仪式。这是一个喜庆的场合，双方的父母和长辈将祝福献给新婚夫妇。介绍仪式也为新郎父母提供了一个正式找到一个女人与其儿子结婚的机会。一旦接受了新郎的结婚请求，那么就要给女方聘礼了。

聘礼（*alambamento*）是安哥拉婚姻习俗中重要且不可或缺的方面。它是这样一种惯例，即新郎及其父母借此向新娘家庭提供礼物。礼物通常是衣服、牛羊之类的牲畜、粮食及其他物品。在最近这些年，聘礼通常也包括现金。聘礼加强了新娘的父母将其女儿嫁给未来丈夫的决定。1971 年在罗安达举办了一次双语音乐会《聘礼》（*bride price*），它展示了聘礼在安哥拉文化中的重要性，这是在葡语非洲上演的最早现代喜剧之一。[①]

聘礼是一种古代的习俗，尽管西方化带来了巨大的社会变迁，但这种习俗一直延续到现代的安哥拉，甚至在城市地区亦然。不过，它在农村地区更受重视，在那里包办婚姻也更常

---

① 奥沃莫耶拉（Owomoyela），"非洲文学"（*African Literature*）。

见。聘礼通常在仪式上赠送。它也是一个双方家庭在庆典中聚会的机会。

在安哥拉，像也有聘礼习俗的其他地方一样，出现了对其在现代社会功用的争论。在文化上，聘礼旨在显示新郎渴望结婚的诚意，及其对新娘的珍重。它也建立了两个家庭之间的联盟。有人还认为，聘礼促进了对家庭的更大义务，尤其对女方而言。不过，也有人认为，聘礼几乎相当于购买女性，这赋予了男性虐待妻子的特权。因此，聘礼应受到谴责，因为它助长了男性对妻子的辱骂行为。另外，在严重的经济困难时期，据说这项习俗也提供了新娘家庭剥削新郎家庭的机会。

传统婚姻的元素已被整合进现代婚姻。例如，不管是教会婚姻还是公证婚姻，聘礼已成为现代婚姻的组成部分。在安哥拉的城市里，甚至在精英阶层中间，它仍被广泛地实行。

基督教婚礼基本上是西式的，在神职人员的主持下在教堂里举行。婚礼通常用葡萄牙语或当地语言举行，有时二者兼而有之。婚礼隆重而庄严，由唱赞美诗、朗诵《圣经》和布道组成。根据神圣婚姻的圣礼来交换诸如婚姻的圣洁性和永续性之类的誓言。新娘的礼服是西式的，新郎则要求着西装、打领带和穿皮鞋。新娘的礼裙和面纱是白色的，配之以白色的鞋子和手套。新娘的亲友团和新郎的男性亲友也要求穿着亮丽的西式服装。当婚姻被主持的牧师宣布后，新婚夫妇要交换戒指。

教堂婚礼通常很繁琐，因此，花费也很大。对于那些渴望一个简单又节俭、而且被合法认可的婚礼的安哥拉人来说，公证结婚提供了一个替代选择。不过，所有的婚礼通常都包含一个丰盛的招待宴会。

117

（3）婚姻与社会变迁

在现代社会，婚姻伴侣的选择不再是父母的权力，而是完全由当事人来进行。换言之，特别是在城镇里，包办婚姻不再盛行。不过，这并不排除父母在婚姻结合中仍起到重要作用。在某些情况下，当父母以某些理由认为这些模式不合适时，他们仍可以不同意他们的孩子想要过的生活模式。

规定婚姻（prescribed marriage）曾是某些地方的传统，比如在北隆达省，不过现在已受到很大的冲击。规定婚姻指的是不允许和其他族群的人结婚，一个人必须和他或她自己族群的人，甚至在亲戚或扩展家庭内结婚。在当前的制度下，人们有更大的自由来寻找婚姻伴侣，可以和任何他们爱恋的人结婚，不管是否是亲属或一个族群的。

过去，在很小的年龄把女儿嫁出去很常见，且在文化上可接受，比如，在恩甘戈拉（Ngangela）人中大约是 15 岁。尽管在安哥拉女性可以结婚的法定年龄是 15 岁，并且大部分父母认为这个年龄有点偏小，但是未到法定年龄结婚仍很常见。女孩子被父母勒令辍学去结婚的情况也时有发生。在内战期间，强迫年幼的女孩与士兵结婚经常发生。政府已发起一项结束女孩早婚的运动。在南隆达省东部的卡科洛（Cacolo）地区的隆达—乔克维人中未到法定年龄结婚非常普遍，最近在对该地区的考察中，家庭事务与妇女促进部部长坎迪德·塞莱斯

118

（Cândida Celeste）谴责了这种做法。[①] 政府的战略是鼓励女孩接受教育，特别是小学后的教育。政府应对女孩早婚的努力得到社会评论家和儿童权利倡导者所发起的社会运动的响应。这些努力已开始产生成效。

独立以来，安哥拉的离婚率在上升，这很大程度上是内战导致的。当然，并不能全部归之于战争。婚外性行为通常是离婚的前奏，特别是当妇女发生这种情况时。其他家庭因素包括配偶虐待和忽视。在过去，离婚妇女或寡妇，特别是文盲者，通常不能获得家庭财产。倡导者们已在推动离婚和继承法的改变，以更公平地对待妇女。如今在许多城市地区，寡妇至少可以获得其死去的丈夫的一部分财富。在离婚的情况下，妇女越来越多地获得孩子的监护权。

家　庭

像在世界其他文化中一样，在安哥拉，家庭是一种被社会认可的制度，它由共享相同的价值观且相互忠诚的成员组成。尽管并不是所有的家庭成员都住在一个屋檐下，但通过姓名、历史和居住地，每个家庭都有一个认同。不管他们是否生活在一起，家庭成员都希望为彼此的共同福祉而工作。

基本上，在安哥拉有两种类型的家庭，它们是传统家庭和现代家庭，二者在现代社会并存。传统家庭是这样一个家户

---

① 请参见"家庭部部长谴责早婚"（Family Minister Condemns Premature Marriage）。

（household），它不仅包括一个男人、他的妻子（们）和他们的儿子，而且包括住在一起，甚至住在外面的其他亲戚。在许多族群中，比如巴刚果人，逝去的祖先也被认为是家人的一部分，并且认为当情况需要时，比如关于特定事情或问题需要建议，应该咨询这些祖先。因此，传统家庭被定义为与共同的祖先、世系、血统或姻缘有关的个人组成的社会单位。堂（表）兄弟姐妹、姑（姨）妈、外甥或侄子、外甥女或侄女、祖父母都是传统家庭的成员。传统家庭在农村社会最普遍，在那里传统的村庄结构仍得以保持。

　　传统的家庭体系一定是扩展家庭，因为它包括近亲和远亲。因此，它很重视亲属关系，尽管这种关系的重要性可能因族群而异。在扩展家庭单元中，每个人都希望在孩子养育中出一分力。

　　传统家庭都很大，因为它是一夫多妻的。在几乎所有的安哥拉族群中，习俗和文化都允许一夫多妻，即一个男人同时娶多个老婆的做法。尽管一夫多妻是被社会认可的做法，但一妻多夫（即一个妇女有不止一个丈夫）的做法却是禁忌。

　　在安哥拉的许多地方，特别是在受到战争影响的地区，适婚年龄的女性大大多于适婚年龄的男性。在这种情况下，一夫多妻的家庭往往居主导地位。一夫多妻制也在农村地区广泛存在。截至 20 世纪 80 年代末，大约 20% 的农村家庭是一夫多妻制，并且 40% 的已婚农村妇女生活在一夫多妻制家庭。[1]

119

---

① 　引自特维登（Tvedten），《安哥拉》（*Angola*），第 105 页。更详细的研究，请参见柯蒂斯（Curtis），《水与妇女的工作》（*Water and Women's Work*）。

扩展的和一夫多妻制的家庭体制已经存在了数个世纪，并且在很多地区仍很重要。不过，在当代，它已经衰落，特别是在城市地区。在当今安哥拉发生的现代化和社会变迁以及其他因素导致了这一点。

尽管无法与农村地区等量齐观，但在城镇中，扩展的和一夫多妻制的家庭也存在。这些家庭由扩展的家庭成员，甚至通过长期待在这里获得了家庭成员资格的非亲属人员构成。在内战期间，乡村地区所遭受的破坏迫使许多人逃离村庄和农村地区，来到相对安全的城市。例如，许多罗安达家庭接收了难民和流离失所者，他们进一步扩大了家庭规模。

在传统的一夫多妻制的农村家庭，妻子们和丈夫住在同一屋檐下。而在城市里，更常见的一夫多妻制形式是，其他妻子（也可能是妻子们）分开居住在她自己的住所里，这个住所远离男人的住户，不过它可能由男人管理。根据习惯法，或者某种文化上接受的安排，不在住所的第二个妻子仍是合法地嫁给这个男人的。也没什么妨碍这个外在的妻子为其丈夫生育孩子，就像住在一起的妻子一样。

不过，在当代的安哥拉，扩展的一夫多妻制的家庭已大大减少。许多受过教育的城市人口接受了现代的一夫一妻制的核心家庭，至少表面上如此。现代家庭由一名男子、他的妻子和他们生育的孩子组成。因此，平均家庭规模越来越小，通常只有六口人：父母和四个孩子。

（1）血统与社会模式

血统是一个基于亲属关系的社会组织单位。一个血统的所有成员都源自于同一个祖先。如果这个祖先是女性，且血统通过女性传承，那么这个单位就是母系的。这种形式的社会认同存在于许多安哥拉族群中，包括巴刚果、翁本杜、乔克维和奥万博。在殖民主义和战争的影响下，母系血统的重要性已下降。在前殖民地时期，母系制和父系制并存，在父系制中血统源于一个男性祖先并通过男性传承。奥文本杜人以双重血统体系而著称，在他们那里，诸如财产权利和继承等经济事宜通过母系制来确定，而政治权威则通过父系制来决定。

（2）内战对家庭的影响

内战削弱了安哥拉的家庭关系。它严重影响了家庭的凝聚和完整。在战争期间，大量的家庭流离失所，大部分是因为村庄被摧毁，为了安全迫使人们迁移。家庭成员背井离乡、失散，在某些情况下甚至无法重聚。据报道，在战争期间存在诱拐儿童的现象，这些儿童无法找到家人或出生地。

家庭流离失所的一个后果是宝贵的亲属关系的解体，甚至在农村地区亦然，这里亲属关系曾经很强。社区关系也衰落了，取而代之的是日益增长的个体主义。如同英奇·特维登（Inge Tvedten）所评论的，"妇女们开始收费照顾别人的孩子，给别人洗衣服和打扫房子，或者给别人编头发。"[1] 战争期间地雷的大规模使用进一步增加了维持家庭和社区联系的困难。

家庭流离失所也导致许多家庭的经济状况陷入不稳定。经济近乎全面崩溃对农村地区和城市贫困区的许多家庭来说是一

---

[1] 特维登（Tvedten），《安哥拉》（*Angola*），第116页。

个重大打击。许多妇女必须要承担起更大的经济责任，特别是对那些因为失去丈夫而成为一家之主的妇女而言。为了维持生计，越来越多的妇女开始在田野里耕作和劳动。

121

性别角色

　　家庭是一个社会结构，为了获得幸福，它必须要执行重要的功能和任务。基本的功能包括了为了自身存活而进行的经济活动和为了代际传递而进行的人口生育。像在全世界大多数家庭一样，在安哥拉的家庭中，存在基于性别和年龄的责任分担。

　　根据宪法和诸如家庭法规等其他法律，理论上在安哥拉男性和女性拥有同等的地位和权利。夫妻双方在家庭内的同等义务如下所述：

> 　　他们必须要一起决定所有婚姻问题，包括孩子的生养和教育；二者必须要共同承担家庭责任和参与家务劳动；每个人都有权参加职业工作或从事他/她选择的活动，只要这些工作和活动不损害他/她对家庭的义务；每个人都有同等的权力购买东西、管理和使用双方拥有的所有东西。[①]

　　不过，实际上，传统上男性是户主，对所有家庭成员负有首要责任。作为一家之主，男人是所有事务的主要决策者，尽

────────────

① 　引自桑托斯（Santos），《超越不平等》（*Beyond Inequalities*），第 34 页。

管在传统家庭比在现代城市家庭更为如此。即使在受过教育的核心家庭，妇女通过外出参加工作补充家庭收入，但男人仍是家庭经济保障的主要提供者。在现代社会，男性户主最重要的任务之一是抓好孩子的教育问题。管教孩子的任务也更多地落在男性而非女性的肩上。总而言之，男人作为一家之主要对家庭的福利负责。

在安哥拉的家庭，女性扮演一个对其丈夫的从属性和支持性的角色，特别是在决策事务时。妇女对其丈夫的主要责任是满足其生理和性的需求。男人喜欢的妻子是这样的：按时准备好饭菜、把衣服洗干净、需要时能满足鱼水之欢。另外，被广为接受的是，生育和照顾孩子是妇女的主要任务。在过去的传统家庭，人们期望妇女尽可能多地生孩子。平均而言，一个妇女要生六七个孩子。生育这么多孩子的一个原因是高婴儿死亡率；也许只有两三个孩子能存活下来。在农业地区，需要更多人手帮助种地是多生孩子的另一个原因。

122

除了照顾孩子的责任外，妇女还被期望料理日常家务，比如洗衣服、取柴和做饭。在农村的农业社区，妇女还要参与自给农业，种植粮食作物，以满足家庭食用或偶尔的市场销售。实际上，越来越多的农村妇女肩负自给农业的重担，并且负责种植木薯、玉米、豆子、高粱、红薯和小米等作物。因此，在许多地方，农业已成为妇女的一项重要职业。

这些活动与看孩子同时进行。在安哥拉一个常见的景观是，不管是在农村的田地里工作，还是在城市的市场里卖东西，妇女会在工作时把她们的孩子绑在背上。

在城市地区，丈夫和妻子往往会分担对孩子的照看。在成长过程中，父母双方对他们孩子的社会化都负有责任。不过，在很大程度上，这种责任仍更多地落在女性而非男性的身上，特别是在传统的一夫多妻制家庭。在某些情况下，由于丈夫不在或者没有男性帮助，妇女必须要操持家庭成为户主。由于内战，女性户主的家庭很普遍。内战导致成千上万的男人死去，并且通过征兵迫使许多男人抛家舍业。截至 20 世纪 90 年代初，估计有 35% 的安哥拉家庭由女性作户主。①

不过，女性的过剩并不必然导致女性户主家庭。特维登（Tvedten）已经指出，在 20 世纪 80 年代末，在纳米贝省西南部、库内内省、威拉省南部的农村中，"在农业地区性别比是 100 个女性对 78.2 个男性，在牧区是 100 个女性对 72.5 个男性"；在 20 ~ 24 岁这个年龄组，"100 个妇女对应 45.3 个男性"。② 但在这些地方，女性作户主的家庭并没有出现。

在一些情况下，女性户主家庭的数量可能是由于有报酬工作的缺乏，为了在别的地方找到工作，男人经常要临时离开家庭相当长的时间。在农村地区，特别是在内战期间，许多男人迁移到城市，留在村子里的几乎都是妇女和孩子。在另一些情况下，那些无力承担家庭经济保障义务的男人只是抛弃了他们的家庭，这在城市贫困区较常见。因此，当家做主的妇女也经常是被其丈夫抛弃的妻子。在没有男性户主的离散家庭里，养

---

① 例如，请参见柯拉科（Colaço），《安哥拉的妇女状况》（*A situacao da mulher em Angola*）；赫利奇（Hurlich），《安哥拉》（*Angola*）；以及特维登（Tvedten），《安哥拉》（*Angola*），第 105 页。

② 特维登（Tvedten），《安哥拉》（*Angola*），第 117 页。

育孩子和一般家庭管理的负担落在了妇女的肩上。

　　像在许多非洲文化中一样，在安哥拉老年人是被高度尊敬的。家庭里的老人被视为是智慧、知识以及社会的价值和习俗的守护者。因此，老年人被期望就人生的奥妙复杂教导家庭里的年轻成员。相当大的权威被置于年长的男性家庭成员手中。在许多族群中，传统仍然要求家庭仪式，在扩展家庭里的年老男性被赋予做这些的宗教权威。不同类型的家庭仪式，比如祖先灵魂崇拜，在农村人口中仍很常见。在许多族群的文化中，比如奥文本杜、巴刚果和乔克维，要求向已逝去的家庭祖先的灵魂献祭食物和饮料。他们相信，如果通过献祭给予祖先的灵魂以适当的尊敬，他们也会通过为家庭提供保护和提供其他祝福而加以回报。

孩　子

　　孩子是安哥拉家庭中珍贵而必要的组成部分。如果没有孩子，一个家庭被认为是不完整的，因为生养孩子被认为是结婚的主要原因。如果一对夫妇很难生出孩子，问题通常归咎于妇女，甚至在受过教育的家庭亦然。对一些男人来说，这是娶第二个妻子的许可证。

　　如果在文化上重男轻女，像在非洲大部分国家那样，那么在生孩子时也是男孩优于女孩。如果他的妻子为他生了儿子而不是女儿，那么男人会更高兴。对一个男人来说，生了太多的女孩也是再娶一个妻子的充足理由，他希望另一个妻子给他生儿子。古老的男孩偏好甚至在城镇里和受过教育的人口中延续。

(1) 身份和角色

对孩子而言，身份和角色是从家庭成员那里，特别是父母那里学来的。女孩的社会化倾向于使她们恭顺，并教她们将来如何做家庭主妇。在家庭里，女孩要帮母亲做一些家务，比如做饭、洗衣和其他适合女性的任务。另一方面，男孩则被教导扮演更为主导性的角色，并鼓励他们参与男性主导的活动。父亲通常主要对他们的儿子发挥影响。

父母通常在男孩教育上的投资多于女孩。让女孩辍学然后帮助她们的母亲做家务，这种情况很常见。实际上，长期以来在安哥拉就存在男孩与女孩之间在中学入学率上的巨大差异。

通过一些人生重大事件的仪式，孩子的社会化过程仍在继续，比如女孩子的青春期仪式。在今天的安哥拉大部分地区，特别是在城市地区，这些仪式已不再举行。在它们仍然存在的地方，多数是在农村地区，这些仪式为男孩和女孩提供了一个学习他们社会的行为、规范和价值的机会。在奥文本杜人中，女孩的青春期仪式包括对性知识的一些教育，这由年长的妇女来提供。[①]

总而言之，如果一个孩子的行为得体，则被认为抚养得很好。例如，尊重老人是良好教养的一个重要指标。

[①] 请参见汉布利（Hambly），《安哥拉的奥文本杜人》（*The Ovimbundu of Angola*）。

（2） 孩子的社会和经济条件

如今安哥拉的孩子面临着令人沮丧的境况。他们是一些世界上受到最差待遇的孩子。在内战期间遭受严重的虐待和创伤，孩子们经历了悲惨的社会和经济条件。在过去，对于促进孩子的福利和保护他们的权利，安哥拉政府并没有给予主要的考虑。对孩子的身体虐待很普遍。许多孩子缺乏足够的营养，面临严重的营养不良。为了性剥削，少女卖淫和拐卖儿童在战后的安哥拉也在上升。

2005 年，在安哥拉内战结束 3 年后，联合国向世界发出警告，安哥拉存在严重的儿童营养危机，特别是在农村地区。世界粮食计划署（WFP）的报告显示，在安哥拉大约有一半的孩子面临严重的营养不良，这导致发育缓慢、可预防性疾病（比如肺结核）的肆虐。①

安哥拉的孩子以多种方式遭受了内战的巨大冲击。孩子们（有时只有 10 岁大的孩子）经常被绑架，尤其是被 UNITA 强迫进入部队当战士。孩子们在战斗中受伤和被杀死，通常比成年人多。他们还是地雷爆炸的受害者。他们目睹了大规模的屠杀，本身也被迫去杀人。女孩被当作性奴隶，经受了各种形式的性剥削。幼女被作为指挥官的小妾或者被迫与他们结婚，这

---

① 请参见内伯（Neighbour），"一半的安哥拉孩子营养不良"（Half of Angola's Children Malnourished）。更全面的报告，请参见世界粮食计划署/脆弱性分析与地图（World Food Program/Vulnerability Analysis and Mapping），《粮食安全与生计的调查》（*Food Security and Livehood Survey*）。

在 UNITA 部队中很普遍。

在战后时期，安哥拉面临着遣散儿童士兵和让他们重新融入社会的难题。政府在诸如教育、健康、营养和食物援助等领域的计划和政策由社区、人道主义者和宗教组织来落实和补充。诸如 WFP、救助儿童会（Save the Children）和联合国儿童基金会（UNICEF）等国际非政府组织和联合国机构也活跃于改善安哥拉儿童状况领域。尽管已采取这些举措，但保护安哥拉儿童的福利仍任重而道远。根据 2005 年的一份报告，有超过 200 万的儿童仍在遭受情感和身体剥夺。[①]

战后安哥拉面临的最严重问题之一是无处不在的街头流浪儿童。超过 10 万儿童在战争期间失去了父母和家人，他们中的许多人走上街头。这些儿童与父母失散、没有任何技能或正规教育，并且受到漫长战争的严重创伤，他们游荡在安哥拉主要城市的街头，通过打零工、乞讨、从垃圾桶找食物，或者参与轻微犯罪来勉力维持生活。[②]

少女卖淫也在罗安达和其他主要城市泛滥。尽管安哥拉的宪法规定，卖淫是非法的，并且刑法规定，儿童卖淫是犯罪，但是这些法律就从未被严格执行过。成百上千的雏妓

---

① 联合国人道主义事务协调办公室（UN Office for the Coordination of Humanitarian Affairs），"安哥拉：饱受战争蹂躏的儿童"（Angola：Children Ravaged by War），《地区一体化信息网络》（*Integrated Regional Information Network*，*IRIN*），2005 年 2 月 1 日，http：//www. Irinnews. Org/report. Asp？ReportID = 43401.

② 对安哥拉街头流浪儿童的报告，请参见"安哥拉：被遗忘的受害者"（Angola：The Forgotten Victims），第 1 页。

（*catorzinhas*，字面意思是不到 14 岁的幼女）通过在罗安达和其他城市卖淫来谋生。拐卖女孩到纳米比亚等邻国卖淫的事件也被报道过。[①]

127

今天，许多安哥拉的孩子仍面临着一个前景暗淡的未来。为了改善儿童状况，政府建立了国家儿童研究所（the National Children Institute，INAC），但是在其实施救助儿童的项目中却受制于工具的缺乏。

妇女与社会

在现代安哥拉，妇女一直扮演着多样但重要的角色。妇女的角色在某些方面仍保持不变，而在有些方面则随着时间推移发生了变化，这主要是社会条件改善的结果。妇女的角色仍主要是管家、取柴做饭和在市场上卖东西。不过，妇女也可成为作家、画家、音乐家和国家的高级官员。在 MPLA 的有效动员下，妇女解放为她们提供了一个开始自己决定人生旅程的机会。

独立以来，相比于在殖民主义时期，妇女的状况也得到明显改善。一些妇女在政府部门占据了高级位置，并且越来越多的女性在政治、商业、军事和专业技术领域扮演重要角色。不过，现代安哥拉的现实是妇女在很大程度上仍位居从属地位。即使宪法和其他法律条文表面上保护性别平等和女性权利，但

---

① 民主、人权和劳工局（The Bureau of Democracy, Human Rights, and Labor），"2002 年人权实践国家报告"（Country Reports on Human Rights Practices 2002）报告了儿童拐卖和儿童卖淫情况。

实际上安哥拉妇女仍继续在生活的各个领域遭受歧视和不平等。

妇女在社会中的地位主要被两个因素削弱了。第一个是女性明显比男性受到更低的教育水平。数十年来，女孩的教育受到忽视，今天这反映在妇女比男性的识字率更低。第二，文化和社会价值仍规定女性处于从属地位。这种传统信念并不局限于农村地区，在城市中心也存在，它严重地阻碍了性别平等。

在处于从属地位的条件下，安哥拉妇女经常在家里遭受丈夫的辱骂和家庭暴力。在家庭之外的工作场所，她们遭受性骚扰和性别歧视。甚至有凶杀形式的针对女性的暴力被报道。在过去的许多情况下，由于缺乏资源来起诉，现存的法律规定无法阻止对妇女的不公正对待。

不过，在安哥拉消除性别不平等和保护女性权利的努力已经通过政府和妇女组织活跃起来。内战结束以来，在惩罚针对女性犯罪方面，比如强奸和殴打，法律已更为有效地得到实施。妇女和家庭事务部负责处理与妇女权利相关的事务。妇女组织也已建立起来。

安哥拉妇女组织（Organização da Mulher Angolana，OMA）是安哥拉最大的妇女组织，它于 1962 年成立，隶属于 MPLA。从其创立以来，OMA 已经在提高安哥拉妇女在法律之下的权利意识方面发挥了显著作用。该组织也促进了妇女政治和社会参与水平的提高。[1]

---

① 对 OMA 的更详细介绍，请参见多斯·桑托斯（dos Santos），《超越不平等》（*Beyond Inequalities*）；安哥拉妇女组织（Organização da Mulher Angola），《南部非洲的解放》（*Liberation in Southern Africa*）。

　　另外，值得注意的是妇女对艾滋病毒的高易感情况。艾滋病的流行在安哥拉特别严重，而妇女比男性更容易受到感染。首先，妇女是艾滋病毒携带者和艾滋病患者的主要照料者。这提高了她们的感染率。其次，在一个父权制、男性主导的社会，文化上期望妇女顺从于她们的丈夫，因此，她们不能拒绝来自丈夫的进行有风险的性行为的提议。[①]

　　妇女在非正式经济部门发挥着重要作用，非正式部门占城市经济的很大比重。安哥拉经济中女性主导的领域是零售业，妇女的创业活动包括销售各种零售商品和食物。尽管非正式部门很重要，但政府很大程度上忽视了它。只有极少的法律保护市场上的女性和那些从事小型商业活动的妇女免受比如恶性通货膨胀这样的经济波动的影响。除了别的之外，在非正式部门的妇女没有机会接受培训项目以提高其生产效率，不能获得小额贷款以扩张经营，也缺乏有效的游说集团。在安哥拉的小业主大多数是女性，并且大部分是文盲，她们始终是劳动力市场中最脆弱的部分。

---

① 关于这个主题的更多内容，请参见卡斯特罗（Castelo）、甘斯潘（Gaspan）和费利克斯（Félix），"艾滋病防治的文化视角"（A Cultural Approach to HIV/AIDS Prevention and Care）；多斯·桑托斯（dos Santos），《超越不平等》（Beyond Inequalities）。

7　社会习俗和生活方式

安哥拉人民的社会习俗根源于自身的文化与传统，也扎根于它自沦为殖民地之前到今天所经历的历史境遇。一些传统习俗在当今的安哥拉已不复存在，然而仍有一些旧俗会偶尔在农村出现。但是，许多传统的社会习俗仍然是社会生活的重要组成部分。尽管不同的族群有着各自不同的风俗，但差异甚微。例如，在安哥拉文化中，无论每个族群举行典礼和仪式的方式如何，都是出于增进社会福利与和谐以及个人福祉与进步这一功利目的。安哥拉人共享的基本信念是典礼和仪式的举办能使社区、家庭及个人的精神世界达到良好状态。

安哥拉是一个充满活力的国家，跟随社会变迁和经济变化，坚持不懈地发展与转变。例如，西方价值观的注入对安哥拉文化的旧俗和传统产生了巨大影响，一些习俗由此发生变化。

生活方式从传统习俗中来，但也反映了由日益西方化和旷日持久的内战等其他动因所引起的社会经济变迁。城市化的、受过教育的安哥拉人展现出其深受西方文化影响的社会行为模式。此外，生活方式也与内战的经历息息相关，尤其是在那些饱受这场长期斗争摧残的地区。尽管不同经济社会状况会带来不同的生活方式，但安哥拉人民在很大程度上有着共同的社会行为模式。

社会关系

安哥拉人的文化不是个人主义取向的，不管他是城市居民还是农村居民，也不管他的观点是传统的还是现代的。公共生活和社会互动十分重要，并且有多种表达方式。尽管残酷的内战给这个社会带来了无尽的灾难，衰退的经济束缚了发展的脚步，人们的生活状况也令人堪忧，但安哥拉人民仍然保留了他们热情、友好和好客的民族特质。

（1）传统社会

在过去和当代那些非常传统的社会中，节日、庆典和仪式为构建社会关系提供了机会。这些活动在大家庭、家族、村庄和其他亚群体中开展，为人们聚会、互动、道贺和庆祝提供了渠道。

由于家庭是社会关系的重要单元，强有力的亲属关系纽带增进了社会互动。年龄在家庭内部的个体行为和人际关系中具有十分重要的意义。年轻人尊重老年人是一种习惯，因为人们对年长者怀有敬畏之情。例如，孩子不仅有责任问候成年人，而且他们不得不这么做，以显示对年长者的尊重。对某些人来说，用"咳"问候与自己父母年龄相近的人且不鞠躬是不合适的。事实上，大家十分重视问候这一礼仪，几乎每项任务和每种场合都有各自的问候形式。

老人们总是用符合智者身份的方式与年轻人相处。通常情况下，他们是发号施令的那一方，当涉及传统价值观和社会准则时更是如此，而年轻人只能全盘接受。这种社会关系模式通过文化代代相传。

过去，社会群体也充当着人际关系的载体。年龄组协会（age-group association）是同龄人关系的有效工具。其中的成员能够帮助其他成员完成诸如盖房子等各种任务。年龄组协会通过会议和聚会，也有助于建立群体认同，为成员提供论坛，由此促进人际关系的发展。

（2）现代社会

现代安哥拉的社会关系遵循着各种各样的路径。当讨论诸如家庭和商业交易这类重要事务时，人们总是十分看重个人交往。甚至当可以利用电话和电子邮件等技术手段时，人们仍然倾向于选择用面对面的方式来讨论重要事务。

尽管城镇生活模式不断促进个人主义的发展，但公共关系仍然十分牢固。安哥拉人热衷于参加社会活动和事件，在活动中他们相互交往、庆祝并结识更多的人。参加社交聚会十分流行，在经济困难时期，仍然会有人举办奢华的派对，大家在派对上唱歌跳舞，主人还会为宾客准备丰富的食物和包括酒精饮料在内的各种饮品。尽管有些派对会要求来客出示正式的邀请函，但通常情况下大多数派对并未做此要求，没有人不被准许入内。夜生活也为社交聚会和社会关系的建立提供了机会。

在现代社会，尽管受西方影响，其传统重要性已经被减弱，但人们仍然十分重视社会行为中的问候礼仪。在城市地区，问候更加非正式。尽管人们仍然给予长者敬重，但在普通人尤其是同龄人中，以更为非正式的方式问候他人已经足够。通常情况下，人们通过握手和拥抱（有时还会友好地轻拍对方的后背）来表示礼貌。更为西化的人在问候异性时会亲吻对方的脸颊。对绝大多数人来说，他们通常会使用当地语言来互道"早上好"、"你好吗？"等日常问候语。但是在更为正式的场合，人们可能需要使用葡萄牙语。

仪 式

仪式在安哥拉人的传统和现代文化中都极为重要。最常见的仪式是那些和人生有关的仪式。出生和命名仪式预示着一个婴儿降生于世，成人礼指引着青少年迈向成年，婚姻赋予了生儿育女和为人父母的权利，过渡仪式为逝者的来世做准备。有必要更进一步了解这些传统习俗。

（1）出生、名字和命名仪式

与其他地方一样，在安哥拉，孩子的出生对家庭来说是一件值得欢欣雀跃的事情。这是婚姻的真正实现，因为传统认为没有孩子的家庭是不完整的。

在传统社会，怀孕的妇女整个孕期都会在家中由更为年长的女性照料和护理。这种情况主要在农村地区盛行，这意味着许多农村妇女没有享受到有关保健、营养和计划生育等现代医疗的产前监测和咨询。人们也经常在家中分娩，由那些通常没

134 有接受过正规医学训练的传统接生员来处理。缺乏恰当的产前
护理、住院分娩和产后护理使得安哥拉成为世界上孕妇死亡率
极高的国家之一。

现代医疗设备缺乏是造成农村妇女家庭产前护理和家庭分
娩普及的原因之一。在可及的距离范围内医院甚至诊所常常都
是很难找到的，因此，孕妇不得不走很远的一段路去寻找一家
医院或诊所。在许多地方，去医院就医具有一定危险性，因为
很多道路不能通行或者布满地雷。总体来说，安哥拉的医疗保
健陷于危机之中，因为医院缺乏基本的必需品，如药物、设备
和充足的医护工作者，尤其是医生。

在国际非政府组织的帮助下，安哥拉的医疗保健部门已经
有所改善，尤其是在内战结束之后。由于许多农村妇女除了依
靠传统的接生员以外别无选择，所以人们专门为其组织了培训
项目，以此作为一种降低产妇和婴儿死亡率的方法。国际医疗
队（the International Medical Corps，IMC）就发起了一个针对
产前护理、分娩和产后护理的培训项目。[①]

命名仪式是对新生命到来的一种正式欢迎。仪式的时间安
排及其相关事务在各地都不一样。在原来的传统社会中，孩子
的父母和家庭成员会参加这一仪式，家中的长者担任仪式主
持，这名长者会将孩子父亲所起的名字赋予孩子。人们还会以
祖先的名义为孩子及其家庭祈祷。在受教育程度更高的社会阶

① 更详细的信息，请参见夏伊德（Schaider）、恩戈亚尼（Ngonyani）、汤姆
林（Tomlin）、瑞德曼（Rydman）和罗伯茨（Roberts），"全球产妇死亡
率的减少"（International Maternal Mortality Reduction）。

层中，孩子的名字可能会由父母双方共同决定。在基督教家庭中，会由牧师而非家中的老人主持仪式，在仪式上人们会颂读圣经，虔诚祷告。在举行基督教的命名仪式时，人们通常也会同时在教堂接受洗礼。

正如许多非洲文化那样，按照传统，在安哥拉取名需要基于一些考量，例如，孩子出生时的情况或家庭状况。因此，姓名反映了一个人的历史，定义了一个人的个性和身份。在许多族群中，孩子随祖先姓是惯常的做法，因为人们相信祖先会保护那些以其姓氏命名的人。

个人所处环境的变化可能会要求其改名。例如，在许多族群中，男孩和女孩经常会在成人礼之后改名，以显示他们已经长大成人。在解放战争时期，改名十分流行，许多安哥拉人民解放运动（MPLA）的斗争者都更改了自己的名字。[①] 一名安哥拉人民解放运动原先的游击队员在 1996 年描述了人们采用战争名的原因：

> 我们更改了自己的名字……（阿戈斯蒂纽）内图向我们解释道："如果你在斗争中仍旧使用家人用来称呼你的名字，那么葡萄牙人将会杀死你所有的亲人。他们会说：'我们一直在寻找的那个人参与了斗争。'如果他们发现了你的父母，就将两人全部杀害。你必须用葡萄牙人不知道并且未被记录在册的其他名字。"一开始我称自己

135

---

① 有关这一问题的讨论，请参见布林克曼（Brinkman）的《语言、姓名与战争》（*Language*，*Names*，*and War*）。

为"非洲树蛇"（Cisukuti），后来改为"红辣椒"（Kandungu），之后又换成"混凝土"（Konkili），至今我仍然这样称呼自己。[①]

在殖民时期，教会要求那些转而信仰基督教的人在接受洗礼前更改自己的名字。如今，对许多人尤其是那些知识阶层来说，给自己的孩子起葡萄牙语名字而不是非洲名字成为一种潮流。

（2）成人礼

传统的安哥拉社会有着各种各样的成人仪式，它们是社会习俗的重要表现。尽管这些仪式的重要性现今已被大大削弱，实行的范围也仅限于一些农村社区，但它们仍然代表了许多族群文化至关重要的神圣特征。

在传统社会中，最常见的社会习俗之一是成人礼（*iniciaçáo da puberdade*），这一仪式意味着达到一定年龄的男孩、女孩们开始进入成年期。该仪式的主要目的在于为年轻人各自习得成年男女的社会角色做准备。人们会精心筹备成人礼，通常会持续数周，在某些地方甚至会持续数月，最后以整个社群共同庆祝数天而告终。

男性的成人礼在树林中举行，15 岁左右的男孩们会在其中野营数月之久。此外，在这段时间里，男孩们还要接受族群的仪式和传统的培训。为了使男孩们适应即将到来的婚姻角色

---

① 同上引，第 143 页。

和成年人所背负的责任，成人礼还会给予他们性事上的引导。大多数成人礼要求男孩们经受勇气和毅力的考验，因此，他们还要在特定的一段时期内独自一人待在丛林中接受生存磨炼。在许多族群中，成人礼的一个重要环节就是男性割礼，这一仪式被隆达—乔克维人称为穆坎达（*mukanda*）。

化装舞会是男孩成人礼中的又一重要环节。面具的使用对这个仪式而言十分重要，以至于在乔克维人中新成年的人需要学习雕刻面具。乔克维人割礼上一种常用的面具是穆瓦娜波娃女性面具，男性舞者在仪式上会佩戴这种面具。在乔克维人中，斯库纳（*cikunza*）化装舞会在成年礼中极为重要，因为人们相信它能够保佑族人多子多孙。在亚卡（Yaka）等其他族群中，成年礼面具非常流行，成年礼主持者在仪式上会佩戴这种面具。戴面具也被视为对青少年长大成人的一种庆祝。

当一个女孩长大到可以生育后代时，人们就会举行女性的成人礼，乔克维人及相关民族称其为"瓦利"（*wali*）。女孩们会用传统的妆容和发型把自己打扮得光彩照人。仪式舞蹈是成人礼上的重要内容。通过接受年长女性的引导和培训，成人礼为女孩未来的妻子身份和母亲身份做好了准备。她们的培训强调对自己丈夫的性服从，重视社会中传统女性角色的一般问题。在安哥拉的一些族群中，女孩的成人仪式无需举行割礼。然而，在一些其他的族群尤其是安哥拉南部的某些族群中，割礼却是仪式中必不可少的环节。女性割礼在传统上被认为是出于容易分娩的目的。

对年轻男性来说，穆坎达仪式的完成意味着他进入成年阶段。作为男人，现在他们必须和其他男人交往，而不是像成人

136

礼之前那样和妇孺来往。经过成人礼的女孩现在也被视作一个
女人，获得了结婚的资格。在通过仪式完成之后，整个社群会
共同庆祝一段时间。跳舞和享受饕餮盛宴是庆祝活动的主要内
容，活动的时间根据族群的不同而各有长短，但通常情况下会
持续数周。面具（*Makishi*）化装舞会也是男孩成年欢迎仪式
中的内容之一。

（3）丧葬仪式

在安哥拉，正如分娩时需要举行一场典礼来庆祝新生命的
到来一般，去世时也需要举行一场丧葬仪式来纪念生命的逝
去。安哥拉的许多社群都希望为逝者举行一场正式的葬礼，举
办某些特定的仪式。每个族群都有各自不同的丧葬仪式，但通
常都包括悼念、清洁遗体、家人拥抱和亲吻遗体等内容。

人们坚信生命在死后仍会以灵魂的形式继续存在，甚至在
现今的安哥拉，人们也会这样认为。因此，不举行正式的丧葬
仪式会使逝者不能安息或者不能进入逝去先人的住处，其结果
是逝者无依无靠的灵魂只能漫无目的地四处游荡，人们认为这
样会对活着的人造成伤害。

人们广泛认为不举行丧葬仪式对社群来说是不祥的，这在
许多安哥拉人对待内战中逝者的态度中就能表现出来。数以千
计的人在这场战争中死去，此后也没有机会举办正式的丧葬仪
式加以纪念，许多人仍然对未能给这些受害者举办一场庄严的
葬礼而感到内疚。人们认为这些受害者的灵魂并不幸福，因
此，导致了社区中不祥之情的发生。

阿尔辛达·翁瓦纳（Alcinda Honwana）对安哥拉人的这

种观念做了一些案例研究。[①] 在 1992～1994 年的战争时期，成千上万的人在安哥拉比耶高原（Bié）上的奎托（Kuito）镇被杀害。人们没有为这些死者举办葬礼；由于地雷遍地都是，他们的尸体也未能被找到或确认，直到 1997 年许多尸体仍然留在这片高原上。人们认为这些未被妥善安置的灵魂会带有愤怒情绪，为避免这种情绪给奎托带来苦难，许多人呼吁政府帮助他们举行正式葬礼，以告慰这些逝去的亡灵。根据奎托传统首领的表述：

> 政府必须考虑举办集体葬礼，安葬那些战争被害者的尸骨……在奎托，许多人死去却没有举办葬礼来安抚他们的灵魂。这些灵魂就会四处游荡，并给所有人带来痛苦。[②]

2005 年，当代的安哥拉人对传统丧葬仪式的强烈信念得到再次体现，当年有许多人死于由马尔堡病毒引起的出血热，这种病毒和埃博拉病毒有关。由于这种疾病具有高度的传染性，所以人们应该避免接触死亡病人的尸体，但医疗工作者在说服人们这么做时遇到了巨大困难。死者家属坚持举办传统仪式，而在仪式过程中人们需要拥抱和亲吻遗体。

---

① 请参见翁瓦纳（Honwana）的《精神健康的非西方观念》（*Non-Western Concepts of Mental Health*）。

② 请参见翁瓦纳的《精神健康的非西方观念》（*Non-Western Concepts of Mental Health*）。

特定的文化决定了儿童是否要参加葬礼。在有些社群中，儿童不被允许参加葬礼，因为人们认为逝者的灵魂可能会给儿童造成困扰。然而在另外一些社群中，孩子却扮演了特定的角色。例如，在奎托，孩子在葬礼上必须从离世父母的棺材下经过。同样的习俗也存在于马兰热，其目的是防止儿童被死者的灵魂纠缠。在马兰热，人们希望孩子剪掉自己的头发，以示对去世亲人的悼念和尊敬。[①]

（4）祖先崇拜与敬奉

包含敬奉在内的祖先崇拜是安哥拉大多数族群文化中的重要内容。祭祖是一个家族或整个社区为了告慰祖先亡灵、祈求先人庇护而举办的一种仪式。人们认为祖先以灵魂的形式得以永生，这些亡灵能够保护他们的后人、家庭和社群。为了让这种庇护长存，人们需要定期举行祭祖仪式。有时，当人们遇到某些特定状况时也可能会举办祭祖仪式，如长期缺少降雨或疾病暴发。

在祭祖活动中，会有专门的发起者来完成所有仪式。在绝大多数家庭中是由指定的长者为家族的祖先供奉祭品。另外，当敬奉族群的祖先时，可能整个社群都会参加祭祖活动。在此情况下，这种仪式就成为一个村庄节日，人们会举办宴会、跳舞和一般性的庆祝活动。供奉祖先的祭品通常包括食品和饮料，但有时人们也会宰杀牛、羊、鸡等动物当作祭品。

---

① 这里的分析基于翁瓦纳，"让我们点燃新的希望"。

（5）治病仪式

尤其是在传统的安哥拉社群，治病仪式十分流行，其目的是治愈每一种可能的疾病，轻至发烧、腹痛和做恶梦等小病，重至女性不孕和精神失常等大病。尽管现代医学和医院已经出现，但是许多安哥拉人，尤其是农村地区的安哥拉人，仍然愿意向举办这些仪式的传统治疗师（Kimbanda）寻求帮助。

传统的治病仪式通常强调象征性的清洁和净化仪式。疾病或苦痛被认为与灵魂有关（在卢文纳人中称其为 mahamba），所以治病仪式的目的在于从受害者那里驱走邪恶的灵魂。传统治疗师实施的治疗方案是给病人提供由煮熟的树叶、草根等制成的草药混合物。按照治疗师的要求，病人必须大口喝下药物，或者泡一段时间的蒸气浴。治病仪式上，传统治疗师借助咒语通灵，以此使药物被象征性地激活，没有这个过程，仪式就是不完整的。人们还会举行一些仪式去净化病人，使之与那些紧紧纠缠他的邪恶灵魂相分离。

人们会公开地举办治病仪式，也可能会在私下进行，这取决于疾病的种类或社群的传统。当仪式公开进行时，家人和社群成员可以参加。实际上，这类仪式可能会要求社群成员积极参与。

在当代安哥拉，许多人仍然信任并求助于传统的治疗师，这在农村社区中尤甚。在马尔堡病毒爆发之际，我们就能深刻地感受到人们对传统医学的依赖。内战结束以后，由于人们需要救治数以千计出于自愿或其他原因在战争中犯下暴行的儿童士兵，传统治疗师在安哥拉快速兴起。文化要求这些孩子参加

139　清洁和净化仪式，使其免除被其杀害者的灵魂所纠缠和报复。
这些孩子没有依靠现代医疗手段，而是寻求传统治疗师的帮
助。格林和翁瓦纳记录了为儿童士兵进行的典型治病仪式。以
下是在威热的一个案例：

> 当儿童或年轻男子返乡之时，他们必须在乡村附近等
> 候。村内最年长的女性会向男孩们扔掷玉米面粉，将男孩
> 们全身上下涂满鸡油。只有当这些仪式完成以后，男孩们
> 才能够进入村庄。仪式之后，男孩们才被允许问候家人。
> 一旦结束问候，男孩们必须宰杀一只鸡，随后将这只鸡做
> 成菜，给他的家人享用。回家后的前八天，他仍不被允许
> 睡在自己的床上，只能睡在草垫或地板上。在这段时间
> 里，他会被带至河边，人们用水泼他的头，给他吃木薯。
> 当他离开仪式地点时不能回头看。①

有些传统治疗师在那些为疯癫等疾病举行长期治疗仪式的
地方拥有自己的诊所，人们认为这类疾病由邪恶的灵魂导致。
然而，其中许多诊所都被曝出存在滥用药物等医疗违规行为。
例如，病人通常被安置在极为恶劣的住所内，那些尝试融入现
代医疗手段的治疗师在不同的病人身上重复使用注射器，有时
还会错误地发放药物。当那些精神失常的人被认为存在危险性
时，一些治疗师经常将其长时间地绑在地上。

---

① 格林（Green）和翁瓦纳（Honwana），"对受战争影响的非洲儿童的本土
治疗"（Indigenous Healing of War-Affected Children in Africa）。

进入治病领域的教会领袖也加入了与传统治疗师和现代医学从业者之间的竞争。许多传统的基班古教会、甚至一些主流的五旬节派教会就是如此。这些教会经常会对那些被怀疑受恶魔（*kindoki*）控制或被巫术侵袭的人进行驱魔。教会的治病仪式常常会由牧师或先知指引，仪式上人们会虔诚地祷告，用圣水和点燃的蜡烛将恶魔从那些着了魔的人身上驱走。

（6）现代的宗教仪式

安哥拉是一个拥有大量基督教人口的国家，因此，现代的宗教仪式遵循基督教的信仰。圣诞节与复活节是安哥拉最流行的基督教节日，它们被当作法定节日加以庆祝。

在圣诞节期间，教堂和学校尤其是那些教会学校会组织专门的活动，例如，社区宣传、唱圣诞颂歌和游戏。事实上，几乎所有人都会庆祝圣诞节，不论他信仰何种宗教。圣诞节不仅具有宗教意义，还为人们提供了社交和娱乐的时间。在整个圣诞节期间，每个地方都会有个人、家庭或社会团体举办的派对，朋友们会聚在一起，共同交流。最隆重的派对会被留在平安夜举行，而这场派对常常会持续整个通宵。

在安哥拉，圣诞节是一个特殊的家庭节日，家人欢聚一堂，共同庆祝。许多生活在外地的家庭成员，尽管住得离家很远，也会返乡与家人重聚。由于食物对圣诞节的庆祝活动来说非常重要，所以在许多家庭中人们会准备一顿奢华的圣诞节盛宴。常见的圣诞菜式有米饭、土豆、火鸡、肉类、鱼类、蔬菜、蛋糕和红酒。家人之间还会交换礼物。

当然，庆祝圣诞节最重要的活动之一就是在 12 月 25 日去教堂做礼拜。每一个人都要精心打扮，穿上色彩斑斓的服装。晚上，人们会到各处拜访朋友、熟人和邻居，如果有足够的经济能力，你还可以为他们送上一份礼物。

跟许多西方国家一样，圣诞节在安哥拉也不是为了商业目的。人们并未公然强调礼物交换，尤其是昂贵的礼物。常常是更为富裕的家庭才会送礼物。在城市地区，有些人会用圣诞树、花束、水果和彩灯装饰房屋。

每个春季，安哥拉人也会庆祝复活节，尽管人们庆祝复活节的方式会更具宗教性、更加平和，缺少圣诞节那样的喧嚣热闹。这个节日的庆祝活动通常从复活节前的星期日（Palm Sunday）开始，这一天是为了纪念耶稣基督成功进入耶路撒冷。耶稣受难日是一个法定假日，尽管那天教堂通常不会举行仪式，但是虔诚的基督教徒会禁食和祷告。一些教堂会组织游行活动，以纪念耶稣基督被钉在十字架上所遭受的痛苦。大量民众会庆祝复活节，那天大多数教堂人满为患。复活节后的星期一也是一个法定假日，许多人会去野餐或举行其他休闲活动。

节　日

安哥拉的公共节日一般可分为两类：世俗节日和宗教节日。世俗节日又进一步细分为两类，其中一类是在全国范围内公共部门和私营部门都会庆祝的国家性节日。

最重要的法定节日可能就是独立日了。经过漫长的民族解放战争，安哥拉终于摆脱了葡萄牙殖民统治的枷锁，重获自

由，于是每年 11 月 11 日人们都会纪念这一胜利。1976 年人
们首次庆祝独立日。2005 年，人们隆重庆祝第 30 个独立日，
这是独立之后人们第一次在相对和平的政治经济进程中庆祝这
一节日。成千上万的安哥拉人对国家的未来充满希望，罗安达
的城堡体育场（Estádio da Cidadela）人山人海，人们欢聚一
堂共同见证纪念仪式，总统爱德华多·多斯·桑托斯
（Eduardo Dos Santos）还在典礼上发表了演说，一些政要和外
国首脑也出席了典礼。

下面是所有全国性公共节日的名单：

1 月 1 日：元旦节。

2 月 4 日：解放日。这是为了纪念反对葡萄牙殖民主
义的解放战争正式打响而设立的国家武装斗争日。

3 月 8 日：国际妇女节。

4 月 4 日：和平和解纪念日。

5 月 1 日：劳动节。

5 月 25 日：非洲解放日。

6 月 1 日：国际儿童节。

9 月 17 日：民族英雄纪念日。这是为了纪念安哥拉
独立后第一任总统阿戈斯蒂纽·内图的诞辰而设立的
节日。

11 月 2 日：万灵节。

11 月 11 日：独立日。

12 月 10 日：安哥拉人民解放运动创立纪念日。这是
为了纪念该国执政党安哥拉人民解放运动（the MPLA-

Labor Party，简称"安人运"）创立而专设的节日。

另一类世俗节日是非官方但被国民广泛庆祝的节日。
它们包括：

3 月 27 日：胜利日。

4 月 14 日：青年节。

8 月 1 日：建军节。

12 月 1 日：开拓者日。

在安哥拉，宗教节日都是庆祝基督教节日的。这些节日包括三四月份的耶稣受难日和复活节后的星期一，以及 12 月 25 日的圣诞节。安哥拉没有庆祝伊斯兰教等其他宗教的节日。对基督教节日的认可反映了基督教尤其是天主教派对安哥拉的强烈影响。

社会习俗和生活方式的变迁

文化不是静止不变的，而是动态变化的。尽管安哥拉文化中的许多方面是难以改变的，但有些方面的确发生了显著变化。总体而言，安哥拉社会的方方面面都经历了巨大变迁：政治的、社会的、经济的和文化的。

文化习惯的转变在安哥拉并不是均匀发生的。在农村居民与城市居民之间，受过教育的人与未接受教育的人之间，虔诚的基督教徒与传统宗教践行者之间，以及不同社会经济阶层的人之间，的确存在文化差异。所有安哥拉人都面临着变迁的压力，但总体来说，他们都显示出了适应变迁的非凡能力。

（1）西方对习俗和生活方式的影响

正如大多数非洲国家一样，安哥拉社会变迁最重要的动因就是西方文化。葡萄牙的殖民体系谴责和贬低了安哥拉的本土文化。它逐渐引入新的政治、社会和经济制度以代替传统制度。它还将西方价值观抬高到优于当地价值观的位置上。西式教育，尤其是由基督教会推行的教育，在强化外国价值观方面起到了促进作用。

在殖民时期，传统的权力结构被严重破坏。传统酋长和权威机构的地位下降，并屈服于殖民当局。一个基于葡萄牙法律体系的现代司法制度在安哥拉出现，这套体系旨在解决家庭、邻里之间的争端，而不再依赖于首领。全新的警察机关有责任去保证执法、维持秩序，一个有组织的军队被建立起来，成为国家安全的守护者。

这个独立后的新兴国家继续沿用现存的政治体制，并没有恢复殖民前的传统权威。西式教育和基督教教义的影响进一步巩固了外国文化价值观的地位。城市化的、受过教育的基督教徒和西化的安哥拉人日益抛弃了传统，这一群体一开始数量很少，后来规模愈发壮大。因此，安哥拉的社会变迁意味着像成人礼等许多传统做法会被侵蚀，西方文化的入侵还给婚礼等仪式带来了变化。有些庆典完全就是从西方引进的，比如圣诞节和复活节。

在当代的安哥拉，教育被视作一种获得高社会地位的方式，这种观点相当正确。城市中受教育程度较高的阶层拥有与传统不符的社会习惯。由于从媒体获得本地信息和国外信息变

得越来越容易，并且越来越多的人用上了互联网和手机，许多
受过教育的安哥拉人拥有了联系外部世界、学习国外价值观的
机会。例如，西方音乐流传广泛，许多人穿西式服装，还有许
多人说葡萄牙语，至少在主要城镇是这样。

毋庸置疑，教育也是获得高薪工作的关键。好工作能为获
143 得新的消费方式提供机会。由于人们的经济水平不断提升，他
们会形成对西方商品和生活方式的偏好。最终的结果是，传统
文化走向衰落。尽管年龄仍是非常重要的一个方面，但是如今
财富和教育却在很大程度上决定了一个人的社会地位。女性越
来越多地接受教育，进入了专业职场，因而改变了传统的女性
角色。

社会互动的新载体也在当代的安哥拉得到发展。专业协
会、社交俱乐部和教会团体已经取代了年龄组协会的促进社会
互动的功能。专业团体通过为成员之间的社会互动提供机会，
不仅增进了成员的职业利益，还提升了他们的社会收益，例
如，安哥拉女性记者协会（the Associação de journalists das
mulheres de Angola）和安哥拉医生协会（the Associação
Angolan Dos Médicos）。

（2）城市生存

安哥拉快速的城市化并没有伴随着基础设施的发展。例
如，在战争期间，罗安达的人口迅速膨胀，但却没有建设足够
的基础设施以应对人口激增。如今，安哥拉的主要城市缺乏足
够的净化水、高效的交通系统、可靠的电力供应和有效运转的
卫生系统。这些基础设施的匮乏对人们的生活方式造成了一定

影响。

在安哥拉，绝大多数人贫穷困苦、生活质量低下。贫困和家庭紊乱迫使许多孩子露宿街头，依靠打零工和轻微犯罪来竭力维持生活。例如，在罗安达，在街上游荡的学龄期男孩经常会有行凶抢劫、偷盗、抢包、汽车盗窃和入户盗窃等行为发生。处境相同的女孩子通常最终会沦为妓女。高失业率也使得许多较为年长的人走上犯罪的道路。那些拥有高薪工作的人可能会参与白领犯罪。贪污腐败在社会的每个层面都十分猖獗，例如，警察和政府官员收受贿赂。

大多数人都极为贫困，但身处这种环境之中的富人却仍然保持着十分铺张的生活方式。他们通过昂贵服装、豪华轿车、富裕社区中面积很大的现代房屋和社会派对，来显示自己的富有。他们的生活方式与生活在罗安达贫民区的人完全不一样，在这里生活的人就算被雇用也是从事低贱的工作。城市的生活方式与农村也存在极大差异。尽管失业率仍然高居不下，但城市中心为许多人在生产和服务部门提供了工作。那些从事记者、律师、医生、会计、教师等专业工作的人能获得较高薪水，因此，也有能力提升自己的经济地位。然而在农村，许多人从事农业生产，用着陈旧的农具耕田。人们从事的工作种类明显反映了他们的生活方式和生活态度。例如，一名阿戈斯蒂纽·内图大学的教授可能只想生两三个孩子，而在有些农村，一个在贫困线附近徘徊的农民却愿意生 6 个孩子。

(3) 生活方式与艾滋病危机

给安哥拉造成沉重打击的艾滋病的蔓延同样也影响了生活

144

方式。据称首个艾滋病例在 1985 年被确诊。从那时起，许多安哥拉人染上这种致命性病毒。在过去的传统社会中，文化强调对性的约束。西方自由的性观念招致了多性伴侣的危险性行为，尤其是年轻人，他们是最容易感染艾滋病病毒的群体。

艾滋病在罗安达等主要城市中比较普遍。在乡下，感染人群的年龄绝大多数集中在 30 岁到 40 岁。高风险群体包括性工作者、卡车司机、士兵、囚犯和水手，艾滋病病毒传染的主要途径是异性性行为。

过去，安哥拉人尤其是感染艾滋病风险最高的年轻人，对这种疾病所知甚少，抵御这种疾病的设备也很落后。慢慢地，安哥拉人越来越了解这种疾病，接受了很多有关该病的教育，并因此改变他们的性生活方式。除了政府通过卫生部门做出的努力之外，许多机构也参与了全国范围的艾滋病意识和预防计划。艾滋病教育的目的在于提供相关信息，引起人们对这种疾病的重视。

8 音乐和舞蹈

据说，只有我的歌曲有魔力让总统多斯·桑托斯和 UNITA 领袖若纳斯·萨文比一起跳舞。①

　　——沃尔德马·巴斯托斯（Waldemar Bastos），
　　安哥拉音乐家

　　内战开始了。……音乐产业也就停止了。没人有现钱，没人有时间。没有录音棚，没有制作人。音乐家移居到其他国家。音乐没有中断，但只有非常少的唱片。②

　　——马里奥·福塔多（Mario Futado），马拉维利亚（Maravilha）乐队鼓手

　　如果不讨论人们的音乐和舞蹈形式，那么对安哥拉人的文化和习俗的阐述将是不完整的。实际上，这个国家在音乐和舞蹈领域有着极为丰富的文化传统。几乎所有的族群都喜爱音乐

---

① 巴斯托斯（Bastos），《黑色的光》（*Preta Luz*）。
② 请参见巴洛（Barlow），"世界非洲流行音乐广播节目组访问安哥拉罗安达"（Afropop Worldwide Visits Luanda，Angola）。

和舞蹈，并且这些音乐和舞蹈在各族群文化的历史发展中扮演
了重要作用。

在前殖民地时期，音乐和舞蹈是安哥拉人日常生活不可或
缺的一部分，包括庆典、仪式、节日和狂欢在内的几乎每个社
会事件都离不开音乐和舞蹈。在现代，音乐依然是生活的重要
组成部分，是社会关系的一个重要媒介。只要有音乐，安哥拉
就不会失去跳舞的机会。音乐和舞蹈会在各种社会情景中出
现，既出现在像庆祝孩子出生和结婚典礼这样的喜庆场合，也
出现在像葬礼、特别是老年人葬礼这样的悲伤场合。

现代的安哥拉音乐受到了其他文化的音乐传统的影响，最
主要是受到巴西和古巴的影响。音乐也受到葡萄牙的很大影
响，许多音乐家用葡萄牙语来演唱。反过来，安哥拉传统音乐
的元素也存在于其他国家的音乐中。安哥拉的桑巴（*semba*）
是巴西桑巴的源头。美国黑人的爵士乐部分地借鉴了安哥拉的
音乐。

安哥拉音乐的发展

（1）传统音乐

在安哥拉，传统音乐构成了社会和宗教经历的重要方面。
唱歌是诸如孩子命名、结婚庆典、首领就职、葬礼和村庄节日
等社会活动不可或缺的一部分。对于这些场合，要演唱特定的
歌曲并用规定的乐器伴奏。在适当的情况下，民歌和其他通俗
歌曲扮演娱乐、教导和教育的社会功能。

　　音乐也在每个宗教活动和仪式中出现，比如成年礼。男孩进入成年的主要事件（比如割礼）要伴有音乐和面具舞。仪式歌曲是与祖先灵魂或更高神祇进行沟通的一个手段。除献祭之外，吟唱仪式歌曲是祖先崇拜的一种必要形式，以净化罪恶的土地和祈求祖先的护佑。

　　传统乐师过去在社区的社会生活中扮演着显著的角色。他们在正规仪式和社会场合上打鼓和演奏其他传统乐器。宫廷乐师也演奏乐器，比如奥文本杜人中的皇室长笛的演奏者。

　　安哥拉音乐的传统形式明显被欧洲—基督教的西方文化和城市化所破坏。这种变化可追溯至殖民地时期，基督教传教士和殖民势力反对包括音乐在内的安哥拉传统文化的许多方面，认为它们是没有宗教信仰的。传统歌曲的演唱和乐器的演奏受到殖民地当局的蔑视。除了在一些农村社区，许多需要传统歌曲的传统活动很大程度上已从安哥拉的当地现实中消失了。不过，在殖民地晚期，许多安哥拉音乐家和乐队把民间音乐作为反抗殖民当局的一种文化武器。

（2）现代音乐

　　现代安哥拉音乐出现于20世纪40年代，当时一个由9名艺术家组成的名为"安哥拉韵律"（Ngola Ritmos）乐队在罗安达成立，乐队由利塞欧·维埃拉·迪亚斯（Liceu Vieira Dias）领导。迪亚斯可被称为安哥拉现代流行音乐之父，他多才多艺，尤其擅长原声吉他和康茄鼓。他的乐队"安哥拉韵律"，因其富有节奏和悦耳动听的舞曲，20世纪50年代的殖民地末期在安哥拉广受人们的欢迎。

147

　　"安哥拉韵律"用电吉他之类的现代乐器在城市地区演奏传统和当代的韵律。不过，乐队也有政治性，它们有效地利用地方语言（尤其是金邦杜语）演唱反殖民的歌曲来支持独立战争。乐队成员都是激进的民族主义者，迪拉斯本身就是MPLA组织的创始成员。由于"安哥拉韵律"的城市流行音乐具有政治动员性，所以葡萄牙殖民地当局认为乐队是其权力的一个威胁，于1959年逮捕了迪拉斯。安哥拉激进艺术家的逮捕和拘留在独立前的几十年间很常见，也包括被殖民地当局怀疑同情民族主义运动的音乐家。

　　在迪拉斯被捕后，"安哥拉韵律"乐队依然很活跃。它在真正的安哥拉韵律的包装下，使用当地语言来传达民族主义的政治讯息在人们中引起了强烈的共鸣。乐队推出了大量的畅销歌曲，比如"呵呵的姜戈"（Django Ué），但是殖民地当局试图扼制它的音乐，因为它被视为危险分子。虽然殖民当局的压制在某种程度上阻碍了现代音乐在安哥拉的盛行，但是葡萄牙人无法中止安哥拉人的音乐大爆发。在20世纪60年代初，面对安哥拉人的憎恨，殖民地当局被迫放松了对安哥拉流行文化和艺术表达的控制。

　　"安哥拉韵律"的贡献之一是在独立前夕引导了安哥拉民族主义音乐的发展，这种音乐在反殖民地的斗争中发挥了重要作用，最终于1975年为安哥拉赢得了独立。乐队也影响了新的乐队和音乐家的涌现。在20世纪60年代和70年代，诸如基佐斯乐队（Os Kiezos）、青年人的礼物管弦乐队（Orquestra os Jovens do Prenda）、奥斯卡·内维斯乐队（Oscar Neves）和小鼓乐队（Os Bongos）等电吉他流行乐队在安哥拉的音乐舞台上引人注目。在安哥拉生机勃勃的唱片产业的支持下，这些乐队创作了大量畅销歌曲，它们受到了巴西和加勒比的音乐、本土的桑巴和雷比塔（rebita）韵律以及刚果伦巴（rumba）的影响。20 世纪 60 年代的一些畅销歌曲包括基佐斯乐队的"穆希马"（Muxima）和"丽塔公主"（Princeza Rita）、青年人的礼物管弦乐队的"对不起，母亲"（Lamento De Mae）、小鼓乐队的"卡祖库塔"（Kazukuta）以及奥斯卡·内维斯乐队的"蒂亚塞萨和芒德达"（Tia Sessa and Mundanda）。

不过，由于反殖民地运动的影响，在独立后初期大量安哥拉的音乐充满政治性和争议性是意料之中的。像安哥拉的文学一样，其音乐关注的也是由不断升级的内战所带来的社会恶化和生活混乱。安哥拉音乐中明显过多的政治内容束缚和妨碍了其在主题和风格上的创新。内战不仅使安哥拉的文化设施受到了普遍破坏，也摧毁了整个国家的唱片产业，艺术家们被迫到国外寻找制作机会。

尽管内战导致流行文化进入艰难岁月，但一些在 20 世纪 60 年代得到发展的乐队设法以某种形式度过了 20 世纪 70 年代初期的艰难，主要是通过在大城市现场演出的方式。不过，到了 20 世纪 80 年代和 20 世纪 90 年代初，安哥拉的音乐开始注入新鲜血液和更大的创造力。尽管战争仍在继续，但包括摇滚乐和说唱音乐在内的新类型音乐发展起来。尽管受到战争时期糟糕的社会和经济条件的限制，但安哥拉的音乐家们开始在他们的歌词中探索新的主题，比如罗曼蒂克、性、爱和其他世俗主题。一些音乐家通过把民间传说注入他们的艺术来改造传统文化。总体而言，音乐家既用葡萄牙语，也用本地语言来

148

演唱。

（3）音乐家

现代安哥拉产生了大量享有盛誉的音乐家，他们中的一些是国际知名的。最有名的安哥拉音乐家之一是享有国际声望的非洲流行音乐家何塞·阿杰利诺·巴塞罗·德·卡瓦略（Jose Adelino Barceló de Carvalho），他在世界乐坛上更为人知晓的名字是邦加（Bonga）或邦加·昆达（Bonga Kuenda）。邦加曾经是运动员，一名职业足球明星。他是安哥拉音乐的资深人士，这表现在他创作了许多畅销歌曲。在 20 世纪 60 年代初，他创立了乐队"贫穷地区的痛苦"（Kissueia），他的音乐提供了对殖民统治下的安哥拉的尖锐的社会批评。作为罗安达贫民区的产物，邦加创作的音乐提出了殖民统治下的城市贫困和经济艰难的问题。他呼吁民族独立，这使他成为殖民统治的一个威胁。实际上，他 1972 年大受欢迎的歌曲"Mona Ki Ngi Xica"（用金邦杜语表达的）被殖民地当局认为是破坏性的，对他下达了逮捕令。

邦加也是 MPLA 的一名领导成员，被迫于 1966 年流亡到荷兰的鹿特丹。作为在欧洲的流亡者，他来往于里斯本和巴黎。流亡期间邦加继续政治鼓动，并利用其音乐服务于解放斗争。在这段时期，他推出了一些他最重要的唱片，包括《安哥拉 1972》（Angola 72，这是一个桑巴技巧的歌曲合集）、《安哥拉 1974》（Angola 74，有些佛得角民间音乐的味道）、《温暖》（morna）和《刚果舞曲》（soukouss）。尽管这些唱片使他获得了国际声誉，但在殖民地期间的安哥拉它们的销售却

149

受到限制。《安哥拉 1972》被殖民地当局禁止在安哥拉销售，尽管它被非法和秘密地传播。

尽管在 1975 年安哥拉独立后邦加仍生活在国外，但其音乐从未失去对国内状况和安哥拉传统文化的关注。除了安哥拉之外，他的音乐具有国际性的吸引力，特别是在巴西、莫桑比克、佛得角和几内亚比绍的葡语世界。他在西方国家走南闯北，在一些欧洲国家的首都，甚至在美国举办过演唱会。目前邦加仍生活在葡萄牙，但是用巴黎商标"LUSAFRICA"来录制他的唱片。

邦加是葡语非洲世界中非洲流行音乐的元老。他的音乐曲调高亢，但带有一丝悲伤的气质，这反映了安哥拉后殖民地时期的悲惨境况。因为他的音乐经常号召社会和政治意识，所以他保持着一贯的社会批评家的风格。他于 2005 年发行的最近一张专辑《包鼠》(*Maiorais*)，触及了持续的社会弊病。在其职业生涯中，他已录制了大量的非洲流行乐专辑，包括像近期流行的《安哥拉的穆伦巴》(*Muelmba Xangola*) 和卡西西 (*Kaxexe*)，以及他最畅销的金曲合集《邦加金曲合集》(*O Melhor de Bonga*)。

另一位著名的安哥拉流行音乐家是沃尔德马·巴斯托斯 (Waldemar Bastos)，像邦加一样，他大部分职业生涯在国外度过。在造访了斯洛文尼亚、波兰、苏联及古巴几个东方集团国家后，巴斯托斯最终在巴西 (Brazil) 定居，这个决定塑造了他的音乐生涯，并使其音乐有了强烈的巴西味道。后来，他去里斯本定居，在 20 世纪 90 年代，那里很快成为非洲葡语艺术和流行文化的重要中心。

内战期间，巴斯托斯拒绝卷入战争，保持无党派身份，专注于他所理解的音乐，"歌曲包含简单的寓意，强调所有生命的价值、这个世界的美丽和丰富以及对希望的深厚需要。"①尽管他没有居住在安哥拉，但他在祖国却非常受欢迎。当他于1990年回国访问时，在罗安达的吉纳西谢（Kinaxixe）广场举办了一场免费音乐会，据说有超过20万人参加。②

巴斯托斯的作品既包括着国际影响的元素，也包含着地方文化的元素：葡萄牙的法朵（fado）、巴西的桑巴、刚果的韵律和安哥拉的民间传统。与著名巴西歌手奇科·布华奇（Chico Buarque）、马廷诺·达·威拉（Martinho Da Vila）及若昂·多·威利（João do Vale）合作，他于1986年在巴西制作了第一张唱片《我们在一起》（Estamos Juntos）。他首部受到广泛好评的重要作品是《黑色的光》（Pretaluz），在纽约用美国商标卢阿卡爵士乐（Luaka Bop）发行。他的其他重要唱片包括《我的女友安哥拉》（Angola Minha Namorada）、《成熟的樱桃》（Pitanga Madura）和《重生》（Renascence）。

如果说邦加和巴斯托斯是安哥拉音乐的海外使者的话，那么安哥拉另外一位著名的音乐家埃利亚斯·蒂阿基姆佐（Elias DiaKiemuezo）则据守祖国后方。蒂阿基姆佐被视为是安哥拉音乐的天王，他是在殖民地时期出名的。他的音乐风格是桑巴，他通常用金邦杜语演唱，不像邦加等其他安哥拉音乐家，用其他地方语言和葡萄牙语演唱。

150

---

① 巴斯托斯（Bastos），《黑色的光》（*Preta Luz*）。
② 巴斯托斯（Bastos），《黑色的光》（*Preta Luz*）。

保罗·弗洛里斯（Paulo Flores）是另一位重要的表演桑巴的安哥拉音乐家，他居住在国外，在非洲和欧洲游历广泛。弗洛里斯比较年轻，于1972年出生，生活在里斯本。他在里斯本大展宏图，成为一名杰出的安哥拉音乐家，有着大量的追随者。弗洛里斯的嗓音轻柔、深情但富有穿透力，他于1988年发行了自己的第一张专辑，那时他才16岁。尽管他长期旅居国外，但其歌词直面安哥拉的社会问题，比如普通安哥拉人的悲惨生活、政治腐败和战争带来的破坏。弗洛里斯最流行的唱片是《XE的人》（*Xé Povo*），它同时用葡萄牙语和金邦杜语录制。

也有少量女性音乐家在安哥拉音乐世界中占有一席之地。玛丽亚·德·卢尔德斯·佩雷拉·多斯·桑托斯·范—杜内姆（Maria de Lourdes Pereira dos Santos Van-Dúnem）成名于20世纪60年代，她曾在不同时期与安哥拉韵律乐队和青年人的礼物管弦乐队合作过。她的第一张专辑是《我的朋友》（*Monami*），是与安哥拉韵律乐队一起制作的，此后她发行了大受欢迎的唱片《女大十八变》（*Ser Mulher*）和《恩赞比凯兰巴》（*Nzambi Kilamba*）。范—杜内姆是一位杰出的安哥拉艺术家，2003年8月2日在罗安达举办的安哥拉女性音乐节上她获得安哥拉女声天后的称号。作为一位著名的歌手，她不仅在安哥拉演出，也在葡萄牙、阿尔及利亚和巴西等其他国家演出。她在安哥拉如此有名，以至于当她于2006年1月去世时，总统多斯·桑托斯参加了她的葬礼。[①]

　　在安哥拉的音乐舞台上同样重要的是女性乐队"马库鲁索的姜饼人"（As Gingas do Maculusso）。这是一个由少女组成的轰动性乐队，被称为安哥拉的"辣妹"。当乐队刚组建时，这些女孩还很小；今天她们已成长为广受欢迎的成年歌手，有着甜美动听、引人入胜、魅力迷人的声音。乐队的早期演出之一是童谣"小懒虫"（Mangonha），它今天在安哥拉的儿童中非常流行。在内战期间，姜饼人乐队以演唱积极向上的歌曲而著称，在战争的毁坏中给人以喜悦、和平和激励。最近，乐队成为安哥拉儿童福利的倡导者，为弱势儿童举办音乐会。乐队在整个安哥拉都大受欢迎，并且在国际音乐节上代表国家演出。它也在葡萄牙、法国、意大利、英国和巴西等国演出。这些女歌手尤其以迷人的舞台表演和独特的服饰而著称。

　　一个两名男歌手的组合卡法拉兄弟（the Kafala Brothers）在安哥拉的音乐界享有盛誉。1987 年这个组合在罗安达成立之前，莫伊塞斯（Moises）和何塞·卡法拉（Jose Kafala）作为歌手都已分别成名。他们的音乐是传统民间音乐与城市表现主义的混合，反映了安哥拉饱受战乱之苦的状况和国家和解面临挑战的现实。安哥拉战争的摧残和人们无以名状的遭遇在他们的悲伤和辛酸的歌词中表达出来，在听众中引起了深刻而强烈的情感共鸣。卡法拉兄弟组合的首张专辑是发行于 1989 年的《恩东戈国王之后》（Ngola）。他们的音乐也有刚果、巴西

151

---

① "总统多斯·桑托斯对传奇女歌手表达敬意"（President dos Santos Pays Homage to Legendary Songstress）。

和古巴韵律的特征。

其他一些安哥拉音乐家也对这个国家的音乐发展做出了重要贡献。他们包括安德烈·明加斯（André Mingas）、劳尔·欧鲁·尼格罗（Raul Ouro Negro）、菲利普·姆肯加（Filipe Mukenga）、米托·加斯帕尔（Mito Gaspar）、爱德华多·帕伊姆（Eduardo Paim）、卢卡·范杜尼（Ruka Vandunen）、米格尔·扎乌（Miguel Zau）、蒂塔·兰多（Teta Lando）、帕特里夏·法利亚（Patrícia Faria）和穆尔塔拉·德·奥利维拉（Murtala de Oliveira）（也被称为道格·姆拉斯，Dog Murras）。一个 2002 年刚成立但大有前途的说唱/嘻哈组合是卡里布兰多斯（Kalibrados），他们于 2005 年发行了首张专辑《关闭的业务》（*Negócio Fechado*）。

（4）外国对安哥拉音乐的影响

安哥拉的音乐具有国际性。这源自于安哥拉与加勒比和拉美之间的历史和当代文化交流。大西洋奴隶贸易建立了这两大地区之间的最初文化联系。许多从罗安达海岸出口的奴隶被运往加勒比和南美地区。这些被奴役的非洲人将包括音乐在内的非洲文化的许多方面一同带往了美洲新大陆。因此，巴西和古巴的音乐在很大程度上受到了安哥拉传统音乐的影响。[①]

反过来，巴西和古巴也影响了安哥拉的当代音乐。大量生

---

① 对巴西音乐的安哥拉起源的讨论，请参见库比克（Kubik），《巴西黑人音乐、游戏和舞蹈中的安哥拉特征》（*Angola Traits in Black Music, Games and Dances of Brazil*）。

活在巴西的安哥拉著名音乐家吸收了这个国家的音乐元素。像巴斯托斯这样一些有名的音乐家与杰出的巴西歌手合作出唱片。广受欢迎的安哥拉音乐家安德烈·明加斯的音乐也有一些古巴黑人音乐的痕迹。当在内战期间菲德尔·卡斯特罗（Fidel Castro）派遣数千名古巴士兵到安哥拉帮助马克思主义的 MPLA 政府时，古巴对安哥拉当代音乐产生了重要影响。古巴人将他们的音乐文化带到了安哥拉，特别是伦巴舞鼓。

安哥拉人本身就喜欢现代的国外音乐，从美国的流行音乐、布鲁斯音乐（blues）、爵士乐和嘻哈音乐到牙买加的雷盖音乐（reggae）都有。在派对、酒吧、俱乐部及咖啡馆听歌和跳舞是安哥拉年轻人文化的一部分，他们听的是世界级艺术家的音乐，比如雷盖乐巨星鲍勃·马利（Bob Marley）和流行乐偶像迈克尔·杰克逊（Michael Jackson）。在独立后初期，尼日利亚的非洲雷盖音乐家桑尼·奥克森（Sonny Okosun）的解放音乐和他的奥兹蒂（*ozzidi*）乐队在安哥拉非常流行，实际上它在所有的南部非洲国家都非常流行。安哥拉的许多人都认同他坚持不懈地呼吁，即把南部非洲国家从白人至上主义体制的压迫中解放出来。在其畅销的诸如《索韦托的烈火》（"*Fire in Soweto*"）和《谁拥有爸爸的土地》（"*Who Owns Papa's Land*"）等专辑中，奥克森强烈反对南非对黑人的野蛮行径，并讴歌解放。

（5）音乐表达的途径

尽管现代安哥拉音乐在全国各地都存在，但只有在城市地区表现得最明显。特别是受过教育和年轻的城市人口更乐于接

152

受安哥拉的流行音乐。主要城市举办的大型音乐会，都邀请许多著名的音乐家，吸引大量的观众。城市的夜生活也促进了安哥拉音乐。一些夜总会由小型的地方乐队担纲主演，唱片播放员（DJ）播放著名艺术家的音乐。

许多有抱负的安哥拉音乐家没条件录制他们的音乐。在内战期间，有限的录制设施遭到损坏。尽管内战结束后情况有所改善，但设备仍不足以满足行业需要。因此，许多艺术家被迫在欧洲和美国寻找录制机会。通常旅居欧洲的安哥拉音乐家更容易得到这些机会。因此，杰出音乐家的音乐在安哥拉以外销售得更为广泛。像邦加、弗洛里斯及其他一些音乐家在互联网音乐商店上销售其 CD。在国内，许多音乐家的唱片销售很寒酸，不足以单靠音乐维持其生计。版权法没人重视，唱片的非法销售猖獗，正如弗洛里斯恰如其分地指出的："对于我的音乐来讲，盗版真是一个问题，我记得我在安哥拉的一次堵车时，一个小男孩试图向我推销一张我自己唱片的盗版货。"①

媒体在过去对音乐家提供的支持很少。直到最近，电台和电视台仍更倾向于播放国外的音乐，特别是美国的畅销歌曲。总体而言，安哥拉长期的经济和政治动荡不可能使许多有抱负的音乐家走红。许多新生代的音乐家逃离到邻国，特别是南非，居住在像约翰内斯堡和开普敦这样的大城市，试图通过打零工来糊口谋生和支持他们的音乐事业。不过，相比于安哥拉，南非也能为他们提供更多演出、合作和录制的机会。

---

① 引自"更多关于保罗·弗洛里斯的介绍"（More about Paulo Flores）。

153　　　　（6）音乐与战争

音乐渗透于安哥拉生活的各个领域，并在其中扮演着重要作用。甚至在战争状况下，安哥拉人也没有停止利用音乐作为战争与和平的一个重要武器。用音乐作为一个动员力量体现在反抗葡萄牙殖民主义的解放战争期间。在殖民地晚期的现代安哥拉音乐是革命性的，并支持反殖民地运动。它的寓意明显是呼吁政治觉醒，旨在动员安哥拉起来争取自决权和民族独立。基佐斯乐队的歌曲"米尔赫罗"（Milhoro）的歌词中这样写道："滚吧、滚开吧，情况不能再这样"①，这是要求葡萄牙人离开安哥拉，结果这首歌被殖民地当局禁止。

在解放战争期间，MPLA 的歌曲主要用本地语言歌唱，它们是革命音乐的缩影。这些歌曲是对安哥拉历史的一个概览，它们描写了辉煌的前殖民地岁月、粗鲁的葡萄牙人通过欺骗入侵安哥拉、非洲人英雄般的抵抗和压迫性的殖民地时期。尽管这些歌曲也吹捧了 MPLA，但它们明确谴责葡萄牙人和使安哥拉人确信在当前的斗争中必胜。②

安哥拉人也表达和描写了漫长而残酷的内战期间的状况。主要的安哥拉音乐家都演唱了与战争有关的歌曲，描写战争给人们带来的伤害，表达了对和平的渴求。内战后期的一个重要音乐事件是许多杰出的安哥拉音乐家联合制作了一张和平唱片。这个项目基于 1985 年多个艺术家各自演唱的"我们是世

---

① 引自"一流的韵律"（Cool Rhythms）。
② 请参见布林克曼（Brinkman），《丛林歌声》（*Singing in the Bush*）。

界"（We Are the World）所提供的模式，这首歌由迈克尔·杰克逊和莱昂纳尔·里奇（Lionel Richie）创作，目的是为遭受饥荒的埃塞俄比亚筹集救济基金。1997 年 4 月，寻求共同基础组织（Search for Common Ground）的罗安达办事处召集了 35 名安哥拉最有名的音乐家制作一首和平歌曲，它是一家致力于冲突调解的国际非政府组织。尽管这些音乐家在内战期间各自支持不同的党派，但他们放下政治和意识形态的差异，录制了和平歌曲"人们呼吁和平"（A paz e que O povo Chama）。其中包括像菲利浦·扎乌（Filipe Zau）、邦加和菲利普·姆肯加这样的著名歌星。这首歌在里斯本制作，1997 年 8 月 30 日在罗安达正式发行，它是在卡尔·马克思体育场举办的一场参加人数众多的和平音乐会上发布的。这首歌是安哥拉和平的一个重要媒介。它是看起来不可调和的派系之间可能走向和解的一个象征。它非常受人欢迎，在各处的电台播放，有几分民族歌曲的意味。它的成功启发了更多和平音乐会的组织。

乐　器

154

　　安哥拉的乐器有各种形式、形状和尺寸。安哥拉的音乐家在他们的音乐制作中使用各种形式的乐器，包括传统的和现代的。[①] 尽管当代的音乐家不再使用许多类型的传统乐器，但这些乐器曾经是安哥拉丰富的音乐传统的基础。扮演相同音乐功

---

① 　对安哥拉乐器的一个研究，请参见雷迪尼亚（Redinha），《安哥拉的乐器》（*Instrumentos Musicais de Angola*）。

能的传统乐器在各种族群中有着不同的名字。它们在尺寸和形状也不大相同，但功能基本一样。

在过去，大部分乐器是由乐师自己制作的。一般而言，乐器都是用当地材料制作。例如，一种打击乐器迪坎扎（*dikanza*）是用开槽的竹子制作的；一种手持和声乐器基山吉（*kisanji*）用金属片制作。一种乐器也可能使用了动物的某些部位，比如辛古弗（*xingufo*）制作于羚羊的角。乐器通常也用代表文化意味的当地材料来装饰。装饰材料可能包括葫芦、贝片、珠子、铁制品和黄铜、金属环等。

传统乐器可以被分为四大类。第一类是摹拟音类的打击乐器，用能产生共振的材料制作，不需要调音。这类乐器的例子是大型的乔克维狭缝锣（*chikuvu*）；马林巴（*marimba*），也是在乔克维人中流行的一种木琴；双铃（*clochas*）。第二类是膜类乐器，包括山羊皮面的鼓（*ngoma*）。其他种类包括奥庆鼓（*ochingufo*），一种翁本杜人的裂缝鼓。一种独特的种类是摩擦鼓，有噗嗒（*puita*）、奎嗒（*kwita*）或姆啪维嗒（*mpwita*）等不同名字，它不是通过打击皮面端，而是通过用湿的手指擦过皮面导致的摩擦产生声音。噗嗒发源于刚果人，据说是巴西的锯加鼓（*cuica*）的前身，可能通过来自刚果地区的非洲奴隶引入到新大陆。第三类是弦类乐器，绷紧的弦附加于木制或金属制的共鸣器上。弦乐器的一个例子是胡恩古（*hungu*，或称 *mbulumbumba*），流行于科伊桑人中，被认为是用于卡波耶拉（*capoeira*）舞的巴西拨铃波琴（*berimbau*）的前身。其他的弦乐器是卡克莎（*kakocha*）、奇胡穆巴（*tchihumba*）和翁本杜人的山萨（*sansa*）。第四类是管乐器，它们包括喇叭、号角和长笛。传统的管乐器是刚果人的类似于喇叭的姆彭古（*mpungu*）和阿姆波沃斯（Ambwels）人使用的瓦杜姆波（*vandumbu*）。用羚羊角制作的姆杰姆波洛斯（*mjemboerose*）在赫雷罗人中很常见。

除了一般的音乐用途，一些乐器也被用于特定的音乐目的。一些乐器的声音适合于葬礼的挽歌（*komba di tokwa*），打鼓是村庄节日的重要组成部分。辛古弗深奥的声音适合于仪式典礼和灵魂或祖先崇拜的圣歌。在亚卡和许多族群中，狭缝锣通常用于占卜者的启动仪式期间，它们复杂的节奏被认为能召唤出必要的灵性力量。在社交场合，基山吉一般为篝火晚会或老年人讲述的月夜故事会提供背景音乐。

传统乐器多半在安哥拉已不再使用。现代艺术家今天使用最常见的乐器，比如鼓、吉他、长笛、小号、萨克斯管、键盘乐器及其他。

舞 蹈

（1）音乐形式和舞蹈

安哥拉跳舞的激情体现在不同的音乐形式和舞蹈风格中。许多音乐家仍演唱传统形式的音乐，当然经常与现代音乐相结合。不管音乐形式如何，安哥拉人喜欢跳舞，从传统的仪式舞到现代的、高技巧的迪斯科无所不爱。

在当代，跳舞的机会无处不在：在家里与亲朋好友听着刺耳的播放机跳舞；在街头聚会和夜总会听着乐队现场演唱当地

155

歌曲跳舞；或者跟着电台音乐节目主持人播放的打击乐
（funk）、摇滚乐或流行音乐唱片跳舞。有的人甚至可能在堵车
时跟着车里广播的节拍而摇摆。

安哥拉人有着不同的舞蹈风格，范围从群体舞蹈到美感的
双人舞。年轻人擅长的舞蹈形式是用力移动和疯狂摆动臀部和
腹部的那种。年长的人更多待在家里跳放松的、节奏慢的舞
蹈。有些舞蹈形式甚至是撩人的，跳舞者以一种挑逗的方式用
力前后摆动其臀部。接下来将讨论主要的音乐和舞蹈形式。

（2）库杜拉

库杜拉（Kuduru）是一种混合了地方旋律的嘻哈舞曲，
在城市地区，特别是罗安达的贫民区非常流行。它是一种节奏
快、充满能量的舞曲形式，特别受安哥拉年轻人的欢迎。最流
行的库杜拉音乐家之一是道格·姆拉斯（Dog Murras）。活跃
于开普敦的陆军部队乐队（Army Squad）和独唱艺人穆图·
默克斯（Mutu Moxy）也演唱库杜拉。南方乐队（the South
Side Posse）也是演唱库杜拉最成功的嘻哈乐队之一。一些音
乐家和乐队用葡萄牙语表达歌词，另一些则用地方语言表达。

（3）桑巴

也许，桑巴（semba）是安哥拉最受欢迎的舞蹈形式。这
是一种高节奏的舞蹈，有些性感，在跳舞过程中舞伴通过向前
摆动他们的腹部彼此互相接触。据说桑巴舞发源于庆祝诸如出
生、结婚和丰收等特殊事件中的舞蹈。桑巴音乐的素材涵盖与
日常生活相关的全部社会议题。17 世纪中期，桑巴舞在靠近

罗安达和本吉拉的安哥拉沿海地区出现并发展起来。

众所周知，安哥拉的桑巴孕育了巴西的国舞桑巴，这是因为借助 17 世纪的跨大西洋奴隶贸易，被奴役的非洲人把桑巴带到了巴西。许多安哥拉音乐家演奏桑巴舞曲，通常使用诸如打击罐（*tarolas*）和盆（*dilongas*）之类的乐器。桑巴舞曲一些杰出的现代创新者是蒂阿基姆佐和邦加，后者促进了桑巴舞曲在国际上的流行。桑巴舞在安哥拉独立之前比在当代更为流行。不过，年轻的艺术家和乐队正与资深的音乐家一道重振桑巴舞曲的昔日雄风。弗洛里斯和马拉维利亚乐队（Maravilha）是主要的例子，后者是成立于 20 世纪 90 年代初的一个乐队。

（4）基宗巴和塔拉钦哈

基宗巴舞（*Kizomba*）和塔拉钦哈（*Tarachinha*）是相似的舞蹈形式，比桑巴更亲密、更性感、节奏更慢。与桑巴舞一样，基宗巴舞通常也与舞伴轻轻拥抱来跳。对于基宗巴舞的起源存在不同的观点。一些人坚持认为它起源于安哥拉，受到了其他葡语国家的影响；但有些人则认为它起源于佛得角群岛。不管其源自哪里，基宗巴舞在整个葡语非洲国家和葡萄牙都很有名，特别是在里斯本及其拥有非洲移民社群的郊区。事实上，基宗巴舞曲通常用非洲旋律以葡萄牙语演唱。演唱基宗巴舞曲的安哥拉音乐家包括弗洛里斯、帕伊姆、姆拉斯、伊茂斯·维达德（Irmãos Verdade）和唐·吉卡斯（Don Kikas）。

塔拉钦哈舞甚至比基宗巴舞更性感。舞伴紧紧相拥、亲密接触，并且以非常缓慢、几乎不移动的方式跳舞。它在安哥拉的年轻人中非常流行。

（5）其他舞蹈形式

安哥拉卡波耶拉舞（Capoeria de Angola）是一种武术和杂技舞蹈形式，它在巴西比在安哥拉更有名。它是受巴西人欢迎的国家文化传统之一，16 世纪的时候由从安哥拉和刚果地区来到巴西的非洲奴隶发展出来。配之以使用传统乐器演奏的音乐，卡波耶拉舞是非洲奴隶反抗奴隶制的一种方式。在其原初形式中，通过实际的身体搏斗来反抗奴隶制隐藏在舞蹈的外表之下。

157

一些人认为，安哥拉卡波耶拉舞很早以前就已在安哥拉存在，实际上在前殖民地时期就已有之，但是被葡萄牙殖民主义者所禁止。从那时起，它在安哥拉不再是一种流行的文化传统。不过，近期安哥拉人又试图努力恢复这种舞蹈。

卡比图拉（*Kabetula*）和卡祖库塔（*kazukuta*）是安哥拉另外两种流行的传统舞蹈形式。卡比图拉是一种快速的摇摆舞，间或有杂技性的跳跃；而卡祖库拉则是一种缓慢的踢踏舞，伴有狂热的摆臂动作。

（6）狂欢节

罗安达的狂欢节游行（Mardi Gras parade）是安哥拉最重要的文化活动之一。这个活动为期三天，安哥拉人非常喜欢它并吸引大量人参加。它的主要特征是来自罗安达及其邻近地区和贫民区的狂欢群体的游行，而且根据他们跳舞和音乐的质量来争夺奖项。狂欢群体都穿着五颜六色的服装，一些人带着面具，而有些人则戴着装饰的帽子。在狂野的鼓点和舞曲伴奏下，他们根据不同的音乐行进。在狂欢节期间，罗安达成为一个感性的城市，人们沉浸于三天的放纵之中：疯狂派对、豪饮酗酒、放荡不羁的性表达。

　　狂欢节从葡萄牙人那里继承而来，并通过服饰和音乐注入了许多非洲文化元素。在20世纪60年代和70年代初，它是非常受人欢迎的活动，但是独立后长期的内战限制了庆祝活动，因此，降低了它的重要性。内战结束以后，作为安哥拉一个盛大的节日，狂欢节已逐步开始恢复。

alambamento. 由新郎家庭向新娘父母提供的新婚礼物，它是传统结婚仪式的组成部分。

assimilado. 在殖民时期的某些非洲人，这些人被融入了葡萄牙文化，并在理论上获得了某些特权和葡萄牙公民的权利。

bairros. 住宅区。

calulu. 一种用鱼作的菜肴。

capoeira de Angola. 武术和杂技舞蹈形式，它更以巴西而不是安哥拉而著名，但源自于安哥拉。

catorzinhas. 表示对幼女的性剥削的术语。它的字面意思是"不到 14 岁的幼女"，指的是受到性剥削的女孩的幼小。

caxi. 从木薯皮和马铃薯皮中蒸馏出来的当地酒精饮品。

chibinda. 猎人。

chikuva. 乔克维人的狭缝锣。

cihongo. 乔克维人的男性面具。

cikunza. 乔克维人青春期仪式的化装舞会。

clientelismo. 政治领袖或党政官员提供好处或服务以换取忠诚的做法。

clochas. 双铃。

colonatos. 移民自葡萄牙和佛得角群岛的白人农民的大型农业定居点。

Cultura. 1957 年至 1961 年间在罗安达发行的文学杂志，由安哥拉文化协会主办。

cultura nacional. 在诸如阿戈斯蒂纽·内图和恩里克·阿布兰谢斯等安哥拉作家的著述中所主张的对安哥拉民族文化的表述。

degredado. 在 16 世纪与 20 世纪初期之间从葡萄牙发配到安哥拉殖民地的被判罪的犯人。

dikanza. 用开槽的竹子制成的乐器。

etambo. 神堂。

feiticeiros. 巫婆。

feiticismo. 巫术活动。

fuli. 传统铁匠。

funge. 玉米粉布丁。

hungu, kakocha, sansa. 弦乐器。

Ilunga Ketele. 隆达人狩猎文化的英雄，一位猎人。

Imbangala. 在 16 世纪末一个尚武且到处劫掠的部落，与葡萄牙人联合沿着罗安达海岸扩大奴隶贸易。随后，他们建立了卡桑杰王国。

indigenas. 在殖民地时期，没有被葡萄牙文化同化的非洲人，因此，被界定为土著，并视为未开化的。

kabetula. 一种快速摇摆的舞，间或有杂技性的跳跃。

Kalunga. 最高的神，乔克维人的造物主。

kazukuta. 一种慢节奏的舞蹈，伴有狂热的摆臂动作。

kimbanda. 占卜者或传统的治疗师，他们将本土的医疗方法与咨询神灵的能力结合起来。

kindoki. 恶魔。

kisanji. 用金属片制成的手持和声乐器。

kissangua or ocissangua. 玉米粉饮品。

kizomba and tarachinha. 亲密且性感的舞蹈形式。

komba di tokwa. 葬礼挽歌。

kuduru. 城市里流行的一种混合了地方旋律的嘻哈舞曲。

kuimbo. 在一个院落中的小屋的圆形排列。

Kwanza. 安哥拉货币单位。

Lweji. 隆达人的女性首领，神话中狩猎文化英雄伊隆加的妻子。

mahamba. 过世祖先的灵魂。

makishi. 在割礼仪式期间佩戴的面具，在姆邦达人中流行。

maluvu. 棕榈酒。

mancala. 在许多非洲社会共同的木板游戏的总称。在安哥拉，它有多种不同的名称。这种游戏非常流行，以至于现在有一个锦标赛，赢者的奖金达到 1500 美元。

Manikongo. 前殖民地时期刚果国的国王的称谓。

marimba. 乔克维木琴。

Mensagem. 于 1951 年至 1952 年出版的基于罗安达的文学评论。

161

mestiço. 欧洲和非洲血统的混血人口。

minkisi，nkisi（单数）. 刚果的神圣雕像。

mjemboerose. 赫雷罗人用羚羊角做的管乐器。

Mongozo. 乔克维人用棕榈坚果制作的传统啤酒。

morna. 佛得角的民间音乐。

mpungu. 金刚果人的小号。

Mtokoists. 安哥拉我们的主耶稣基督世界教会的成员。

muamba. 用胡椒和大蒜调味的鸡肉。

mufete de cacuso. 烤罗非鱼。

mukanda. 男性割礼仪式。

musséques. 罗安达的贫民区。

muvalavala. 木板游戏。

Mwana Pwo. 乔克维人的女祖先。

ndemba. 在男孩成年礼仪式上使用的面具。

Negritude. UNITA 前领袖若纳斯·萨文比所阐明的一种理念。不要把这个理念与由前塞内加尔总统利奥波德·塞达尔·桑戈尔（Léopold Sédar Senghor）所主张的更流行的"negritude"相混淆。

nganga. 刚果人中的占卜者。

Ngola. 恩东戈族的国王的头衔，成为后来安哥拉（Angola）这个名字的起源。

ngoma. 山羊皮面的鼓。

Nzambi. 最高神祇，巴刚果人的造物主。

ochingufo. 翁本杜人的裂缝鼓。

ociwo. 厨房。

onjango. 房子里招待客人的客厅。

osila. 储藏之用的谷仓。

Pensado. 思想者，乔克维人的一个流行雕像。

pombeiros. 奴隶贸易的代理人，负责从内陆地区采购奴隶。

puita，kwita，or mpwita. 摩擦鼓。

semba. 一种高节奏的性感舞蹈。

sobas. 传统首领。

sona. 乔克维人的沙画。

songi. 乔克维人中的职业雕刻师。

soukouss. 刚果人的音乐。

tarolas and dilongas. 乐器。

tchihumba. 小提琴。 162

vandumbu. 阿姆波沃斯人（Ambwels）使用的木制喇叭。

wali. 乔克维人的女性成人礼。

wanga. 乔克维人中的巫师。

xingufo. 用羚羊角制作的乐器。

安哥拉大事记

　　7世纪以前　大量科伊桑人（Khoisan）的狩猎—采集部落居住现在的安哥拉地区。他们没有发展出中央集权的国家或复杂的政治系统，并且他们的经济主要基于狩猎野生动物和采集野果。

　　1200年代　来自尼日利亚和喀麦隆附近地区的班图人（Bantu）到达安哥拉地区。

　　1300年代　刚果王国兴起，它是在西南部非洲最有进取心的前殖民地国家，安哥拉北部是该王国的一部分。

　　1483年　葡萄牙人来到现在的安哥拉北部地区。

　　1490年　葡萄牙派遣了一个大使德索萨（Gonçalo de Sousa）在安哥拉建立了大使馆。德索萨由第一批传教士陪同一起前往该地区。

　　1500~1700年间　安哥拉变成葡萄牙人的一个主要奴隶贸易地。安哥拉地区向南美洲的部分地区，特别是巴西和古巴，提供了几百万非洲奴隶。在16世纪晚期和17世纪大部分时期罗安达（Luanda）是葡萄牙人主要的奴隶贸易港口。它和本吉拉（Benguela）一起在17世纪、一直到18世纪末都是重要的奴隶贸易港口。

1500～1800 年　估计有四百万人被从安哥拉运往美洲新大陆。

1575 年　圣保罗德罗安达（罗安达）被创立。

1576 年　葡萄牙人在罗安达建设了港口。

1592 年　罗安达成为葡萄牙人的殖民地。

1617 年　本吉拉被建立。

1641 年　荷兰人占领罗安达。

1648 年　葡萄牙人收复罗安达。

1663 年　恩东戈（Ndongo）王国的战神皇后恩津加·姆班德（Nzinga Mbande，也被称为 Jinga or Ginga）去世，她以领导军事力量反抗葡萄牙人的帝国主义而著称。

1764～1850 年　安哥拉从一个奴隶贸易社会逐渐向一个自给自足的经济体转型。截至 1850 年，罗安达已是非洲西南海岸的一个重要商业城市，拥有许多商业企业。

1836 年　葡萄牙正式废除奴隶贸易。

1849 年　我们的主耶稣基督世界教会（Our Lord Jesus Christ Church in the World）由西蒙·穆托科（Simon Mtoko）创立，他是一个来自威热省（Uíge）的魅力型人物。

1858 年　奴隶制在安哥拉被废除。

1878 年　英国浸信会在安哥拉的圣萨尔瓦多（São Salvador）（今天的姆班扎刚果）建立第一个新教教会。

1884 年　在柏林西非会议上，葡萄牙占有安哥拉的主张得到其他欧洲列强的承认。

1885～1930 年　尽管当地反抗不断，但葡萄牙加强对安哥拉的殖民统治。

1902 年　姆邦杜人（Mbundu）对欧洲帝国主义的抵抗失败。

1903 年　奥文本杜人（Ovimbundu）对欧洲帝国主义的抵抗失败。

1912 年　万博（Huambo）由葡萄牙人建立。它在 1975 年之前被称作新里斯本。

1914 年　乔克维人对欧洲帝国主义的反抗失败。

1931 年　本吉拉铁路被建成。

20 世纪 50 年代　反殖民主义运动积聚了足够的力量，最终导致 20 世纪 60 年代初的武装斗争。葡萄牙对殖民地的民族主义情绪的镇压导致了地下革命运动的出现，它开启了反对殖民统治的游击战争。

1951 年　安哥拉的地位从殖民地变为海外省，并且受到总督当局的统治。

1953 年　安哥拉非洲人联合斗争党（Partido da Luta Unida dos Africanos de Angola，PLUA）被创建，它是最早的要求独立的民族主义运动。

1955 年　在马里奥·平托·德·安德拉德（Mário Pinto de Andrade）和若阿金·平托·德·安德拉德（Joaquim Pinto de Andrade）两兄弟的领导下，安哥拉共产党（Partido Comunista Angolano，PCA）成立了，该党受到了葡萄牙共产党的影响。

1956 年　安哥拉非洲人联合斗争党与安哥拉共产党合并形成了安哥拉人民解放运动党（Movimento Popular de

Libertação de Angola，MPLA），它是争取安哥拉独立的三大最主要的民族主义运动之一。它在安东尼奥·阿戈斯蒂纽·内图（Antonio Agostinho Neto）的领导下建立。安哥拉民族独立运动（MINA）和安哥拉民主解放阵线（FDLA）等其他民族主义运动随后与安哥拉人民解放运动合并。在 1975 年安哥拉赢得独立后，MPLA 成为执政党，内图成为安哥拉第一任总统。该党采纳马克思列宁主义的意识形态，建立了一党制的社会主义国家，并且与苏联及其他社会主义阵营的国家保持着紧密关系。从独立以来，安哥拉人民解放运动党一直统治着安哥拉，当前它在何塞·爱德华多·多斯·桑托斯（José Eduardo dos Santos）的领导之下，他于 1979 年接替内图担任安哥拉的总统。

1959 年 5 月 25 日　苏联领导人尼基塔·赫鲁晓夫（Nikita Khrushchev）访问安哥拉。

20 世纪 60 年代　主要是在英国石油阿莫科公司（BP Amoco）、雪佛龙德士古（Chevron Texaco）、埃克森美孚（ExxonMobil）、壳牌（Shell）、意大利石油总公司（AGIP）和道达尔（Total）等外国公司的主导下，安哥拉的石油开发开始了。

1961 年　在安哥拉人对咖啡种植园的致命叛乱后，殖民地政府废除了强制劳动。独立战争开始了。

1962 年 3 月 15 日　反抗葡萄牙人争取独立的第二大民族主义运动组织——安哥拉民族解放阵线（Frente Nacional de Libertação de Angola，FNLA）——建立了。它由奥尔登·罗贝托（Holden Roberto）组建和领导。随着北部安哥拉人民联盟

（União das Populações do Norte de Angola，UPNA）保卫北部的巴刚果人（Bakongo）的利益，FNLA 最初在 1957 年 7 月出现。在和其他北部群体合并后，UPNA 在 1958 年变成安哥拉人民联盟（União das Populações de Angola，UPA），在 1962 年变成 FNLA。FNLA 得到了苏联和中国的支持。尽管它改头换面在各种名称下持续存在，但 1988 年后它在安哥拉不再是一支政治力量。

1962 年 8 月 21 日　作为一家高等教育机构，阿戈斯蒂纽·内图大学（Universidade de Agostinho Neto，UAN）在罗安达建立。

1966 年 3 月 13 日　争取独立的第三大民族主义运动组织——争取安哥拉彻底独立全国联盟（União Nacional para a Independência Total de Angola，UNITA）——建立。该运动由若纳斯·萨文比（Jonas Savimbi）领导，得到南非的支持，并且相当长时间里得到苏联的支持。它在安哥拉内战结束后，于 2002 年成为一个政党。

1974 年 4 月 25 日　一场军事政变推翻了葡萄牙首相马尔塞洛·卡丹奴（Marcelo Caetano）的独裁统治。这个事件导致了葡萄牙在非洲的殖民帝国的瓦解，并为 1975 年安哥拉的独立铺平了道路。

1975 年 1 月 15 日　新的里斯本政府和非洲民族主义运动（包括 MPLA、UNITA 和 FNLA）签署了艾维尔协议（Alvir Agreement），约定在安哥拉成立一个过渡政府，这成为独立的前兆。

1975 年 1 月 31 日　过渡政府举行了就职典礼，在三个民族主义运动之间实行权力共享的安排。这种政治安排破裂，MPLA 与 FNLA 之间斗争的内战爆发。

1975 年 7 月　UNITA 卷入内战。MPLA 得到古巴的军事支持，FNLA 由扎伊尔（现在的刚果民主共和国）支持，UNITA 得到美国的军事和财政支持。

1975 年 8 月　南非国防军（SADF）进入安哥拉，并占据了库内内（Cunene）地区。与 UNITA 的武装力量联合，SADF 开始向北部进军。

1975 年 11 月 5 日　古巴军队站在 MPLA 一方开始在安哥拉投入积极的战斗。西方国家估计，截至 1975 年 11 月中旬古巴士兵的数量有 2000 人，截至 1976 年增加到14 000人。

1975 年 11 月 11 日　在长达 14 年的游击战之后，葡萄牙正式准许安哥拉独立。在不断升级的战争中，控制着首都罗安达的 MPLA 宣布安哥拉人民共和国成立。

1976 年 1 月　由于苏联大量物资的支持，MPLA 在内战中处于攻势。截至 11 月，相对于 UNITA – SADF 和 FNLA，它获得了上风。

1976 年 2 月 11 日　安哥拉被非洲统一组织（OAU）接受为成员国。经安理会一致表决，在 1975 年 12 月 1 日安哥拉也成为联合国的正式成员。

1976 年 2 月 22 日　葡萄牙政府承认 MPLA 政府。

1976 年 6 月 9 日　为了管理石油部门，安哥拉国家石油公司（Sonangol）被建立，它是一家国有公司。

1977 年 9 月　安哥拉圣灵教会联盟（UIESA）在罗安达和其他地方举办了一次感恩节服务活动，以祈求和平。

1977 年 12 月　罗马天主教会公开谴责政府违反宗教自由原则。在安哥拉人民解放运动党的代表大会上，MPLA 在其名字后面加上劳动党（PT）之后变为 MPLA – PT。MPLA 也正式采纳马克思列宁主义作为政党和国家的意识形态。

1978 年 5 月 4 日　实行种族隔离制度的南非军队对安哥拉内部的西南非人民组织（SWAPO）发动了一次重要攻击。联合国安理会于 5 月 6 日对攻击表示谴责。

1979 年 9 月 10 日　安哥拉的首任总统和 MPLA 的领袖阿戈斯蒂纽·内图逝世，由何塞·爱德华多·多斯·桑托斯继任总统。

1984 年　FNLA 退出内战。

1988 年　南非和古巴签署了相互从安哥拉撤兵的协议。MPLA 与 UNITA 之间的内战继续。

1989 年 6 月　总统何塞·爱德华多·多斯·桑托斯和 UNITA 领袖若纳斯·萨文比在 14 年的内战后达成停火协议。停火并没有维持住，战争继续。

1989 年 11 月　罗马天主教大主教呼吁 UNITA 和 MPLA 结束内战，举行自由选举。

1991 年 4 月　MPLA 正式取消马克思主义作为国家意识形态。

1991 年 5 月 24 日　古巴完成了对其在安哥拉的剩余军队的撤离。

1991 年 5 月 31 日　在里斯本，总统何塞·爱德华多·多斯·桑托斯和 UNITA 领袖若纳斯·萨文比签署了比塞塞协定（Bicesse Accord），这是一项导致安哥拉 1992 年举行的第一次选举的和平协定。

1992 年 8 月　安哥拉人民共和国的名字被放弃，改为安哥拉共和国。MPLA 早些时候放弃了它的马克思列宁主义意识形态，取而代之的是社会民主的意识形态。

1992 年 9 月 29 日和 30 日　安哥拉举行第一次多党选举，联合国观察员证明其自由和公平性。MPLA 赢得绝对多数票，何塞·爱德华多·多斯·桑托斯被当选为总统。UNITA 及其领袖若纳斯·萨文比拒绝承认选举结果。内战重新开始。

1993 年 3 月　万博被 UNITA 的军队占领。对反叛武装力量的围攻导致对城市的巨大破坏、严重的平民伤亡和大规模人口的流离失所。

1993 年 9 月 15 日　联合国施加了对 UNITA 的武器和石油禁运。

1994 年 11 月 20 日　在赞比亚，总统何塞·爱德华多·多斯·桑托斯和 UNITA 领袖若纳斯·萨文比签署了卢萨卡协议（Lusaka Procotol），它呼吁结束战争，要求 UNITA 解除它的 70 000 人的武装。UNITA 也被要求将其控制下的地区交给国家。

1995 年　7000 人的维和部队（UNAVEM Ⅲ）被联合国安理会批准派往安哥拉。

1997 年 4 月　在总统何塞·爱德华多·多斯·桑托斯领导下的一个民族和解政府举行了就职典礼。若纳斯·萨文比拒绝在联合政府中任职。

1997 年 10 月　联合国对 UNITA 施加制裁，因为它不遵守 1994 年的卢萨卡协议。

1998 年　重燃的战火导致了一场新的难民危机。一个基于英国的非政府组织——全球见证组织（Global Witness）——报告说 UNITA 反抗政府的战争资金支持来自大规模的钻石销售。

1999 年　联合国维和使命结束。

1999 年 8 月 9 日　独立的罗马天主教电台——教会电台（Radio Ecclesia）——被警察关闭。

2002 年 2 月 22 日　UNITA 的领袖若纳斯·萨文比在莫希科省东部的一次突击队袭击中被政府军击毙。

2002 年 3 月　UNITA 和政府开始举行停火谈话。4 月 2日，一项大赦法案被议会通过，要求 UNITA 的士兵解散，并将他们整编进安哥拉武装力量。4 月 4 日，政府和 UNITA 签署了停火协定。

2002 年 8 月 2 日　政府正式宣布战争结束，它导致接近30 万人丧生。UNITA 正式放弃其武装派别。

2003 年 1 月　费尔南多·多斯·桑托斯（Fernando dos Santos）被任命为总理。

2003 年 6 月　伊萨亚斯·萨马库瓦（Isaias Samakuva）成为 UNITA 的领袖，UNITA 现成为一个政党。

2004 年 5 月　国民议会通过了一项关于信仰、崇拜和宗教的法律，该法律保证了宗教自由的宪法权利，以及教会和其他宗教机构不受限制的自由，它们可以在法律的界限内组织和践行它们的信仰。

2005 年 2 月　文化部任命了一个由 14 位专家组成的委员会，以创作安哥拉文学史。

2005 年 3 ~ 5 月　致命性的类似于埃博拉的马尔堡病毒（Ebola – like Marburg virus）爆发，导致 300 多人死亡，特别是在安哥拉北部。大约 75% 的病毒受害者是不到 5 岁的儿童。

2006 年 6 月　绰号为"大黑羚羊"（Palancas Negras）的安哥拉国家足球队在足球世界杯首次登台亮相。虽然他们止步于在德国举行的 2006 年世界杯足球赛决赛的第一轮，但在返回国内时仍然受到英雄般的欢迎。

戴维·M. 阿布希尔、米歇尔·A. 萨缪尔斯：《安哥拉的持续危机》，《当代历史》，1983 年 3 月，第 82 卷 482 期，第 124~125 页、128 页、138 页。

Abshire, David M., and Michael A. Samuels. "The Continuing Crisis in Angola." *Current History* 81, no. 482 (March 1983): 124~125, 128, 138.

戴维·M. 阿布希尔和米歇尔·A. 萨缪尔斯编：《葡语非洲手册》，纽约：普瑞格出版社，1969 年版。

Abshire, David M., and Michael A. Samuels, eds. *Portuguese Africa: A handbook* (New York: Praeger, 1969).

戈登·亚当斯、米歇尔·洛克：《古巴与非洲：解放斗争的政治学》，《古巴评论》，1978 年 11 月，第 8 卷第 1 期，第 3~9 页。

Adams, Gordon, and Michael Locker. "Cuba and Afica: The Politics of the Liberation Struggle." *Cuba Review* 8, no. 1 (October 1978): 3~9.

汤姆·亚当斯：《古巴在安哥拉：资产负债表》，《军事情报》，1982 年 1~3 月，第 8 期，第 32~36 页。

Adams, Tom. "Cuba in Angola: A Balance Sheet." *Military Intelligence* 8 (January-March 1982): 32~36.

尼伊·阿弗拉比：《金色的笼子：葡语非洲文学与文化的重生》，新泽西州特伦顿：非洲世界出版社，2001 年版。

Afolabi, Niyi. *Goldern Cage: Regeneration in Lusophone African Literature and Culture* (Trenton, NJ: Africa World Press, 2001).

安东尼奥·阿戈斯蒂纽·内图:《不可推脱的责任》,罗安达:安哥拉作家联盟,1982 年版。

Agostinho Neto, Antonio. *A Renúncia Impossível* (Luanda: Angola Writers Union, 1982).

安东尼奥·阿戈斯蒂纽·内图:《神圣的希望》,罗安达:安哥拉作家联盟,1979 年版。

Agostinho Neto, Antonio. *Sagrada Esperança* (Luanda: União dos Escritores Angolanos, 1979).

雷纳托·阿奎拉:《通向市场的漫长艰辛之路》,斯德哥尔摩:瑞典国际发展局,1991 年版。

Aguilar, Renato. *Angola: A Long and Hard Way to the Marketplace* (Stockholm: Swedish international Development Authority, 1991).

乔治·阿劳:《葡语非洲文学杂志的发展》,《非洲文学研究》,1999 年春,第 30 卷第 1 期,第 169 ~ 183 页。

Alao, George. "The Development of Lusophone African Literary Magazines." *Research in African Literature* 30, no. 1 (spring 1999): 169 ~ 183.

阿兰·A. 安德森、杰拉尔德·J. 皮莱:《隔离的灵魂:五旬节派》,载理查德·埃尔菲克和罗德尼·达文波特编:《南非的基督教:政治、社会和文化史》,伯克利和洛杉矶:加州大学出版社,1997 年版。

Anderson, Allan A., and Gerald J. Pillay. "The Segregated Spirit: The Pentecostals." In *Christianity in South Africa: A Political, Social and Cultural History*, ed. Richard Elphick and Rodney Davenport (Berkeley and Los Angeles: University of California Press, 1997).

F. 安德拉德:《得过且过的生活:马兰热和本吉拉的流离失所者》,罗安达:发展研讨会,2001 年版。

Andrade, F. *A Life of Improvisation: Displaced People in Malanje and Benguela* (Luanda: Development Workshop, 2001).

曼索·桑托斯·安哥拉：《安哥拉：被遗忘的受害者》，《今日安哥拉》，1996年2月，第301卷第2期，第1页。

Angola, Manso Santos. "Angola：The Forgotten Victims." *Angola Today*, 301, no. 2 (February 29, 1996)：1.

《安哥拉的出口》，《中央情报局世界概况》，2005年。世界各国数据指标档案，http：//www. indexmundi. com/ g/g. aspx？c = ao & v = 85.

"Angola Exports." *CIA World Factbook* (2005). Index Mundi, http：//www. indexmundi. com/g/g. aspx？c = ao & v = 85.

《安哥拉的外债》，《中央情报局世界概况》，2005年。世界各国数据指标档案，http：//www. indexmundi. com/g/g. aspx？c = ao & v = 94.

"Angola External Debt." *CIA World Factbook* (2005). Index Mundi, http：//www. indexmundi. com/g/g. aspx？c = ao & v = 94.

《安哥拉的进口》，《中央情报局世界概况》，2005年。世界各国数据指标档案，http：//www. indexmundi. com/ g/g. aspx？c = ao & v = 89.

"Angola Imports." *CIA World Factbook* (2005). Index Mundi, http：//www. indexmundi. com/ g/g. aspx？c = ao & v = 89.

《安哥拉被盗的艺术品》，《博物馆安全网》，2001年12月4日，http：//www. museum-security. org/01/193. html.

"Angolan Artifact Stolen." *Museum Security Network* (December 4, 2001)，http：//www. museum-security. org/01/193. html.

安哥拉国家通讯社，网址为http：//www. angolapress-angop. ao/angop-e. asp.

ANGOP. http：//www. angolapress-angop. ao/angop-e. asp.

玛格丽特·简·安斯蒂：《冷战的孤儿：安哥拉和平进程崩溃的内幕，1992~1993》，纽约：圣马丁出版社，1996年版。

Anstee, Margaret Joan. *Orphan of the Cold War：The Inside Story of the Collapse of the Angolan Peace Process*, 1992 ~ 1993 (New York：St. Martin's Press, 1996).

比尔·阿什克罗夫特、加里斯·格利菲斯和海伦·蒂芬：《逆写帝

164

国：后殖民地文学的理论与实践》，纽约：劳特利奇出版社，1989 年版。

Ashcroft, Bill, Gareth Griffiths, and Helen Tiffin. *The Empire Writes Back: Theory and Practice in Post-Colonial Literatures* (New York: Routledge, 1989).

埃里克·阿克塞尔森：《葡萄牙和对非洲的争夺：1875 ~ 1891》，约翰内斯堡：金山大学出版社，1967 年版。

Axelson, Eric. *Portugal and the Scramble for Africa*, 1875 ~ 1891 (Johannesburg: Witwa-tersrand University Press, 1967).

乔治·巴朗迪耶：《16 ~ 18 世纪刚果王国中的日常生活》，纽约：世界出版社，1969 年版。

Balandier, George. *Daily Life in the Kingdom of the Kongo from the Sixteenth to the Eighteenth Century* (New York: World, 1969).

马丁·巴纳姆编：《非洲戏剧史》，剑桥：剑桥大学出版社，2004 年版。

Banham, Martin, ed. *A History of Theatre in Africa* (Cambridge: Cambridge University Press, 2004).

肖恩·巴洛：《世界非洲流行音乐广播节目组访问安哥拉罗安达》，国际公共广播电台的世界非洲流行音乐栏目，http://www. afropop. org/multi/feature/ID/561/Afropop + WorldWidc + Visits + Angola.

Barlow, Sean. "Afropop Worldwide Visits Luanda, Angola." Afropop Worldwide, http://www. afropop. org/multi/feature/ID/561/Afropop + WorldWidc + Visits + Angola.

阿兰·巴纳德：《南部非洲的猎人和牧人：科伊桑人的比较民族志》，剑桥：剑桥大学出版社，1992 年版。

Barnard, Alan. *Hunters and Herders of Southern Africa: A Comparative Ethnography of the Khoisan Peoples* (Cambridge: Cambridge University Press, 1992).

马丽亚—路易丝·巴斯汀：《乔克维人的艺术：象征主义的财富和审美表达》，载曼纽尔·乔丹编：《乔克维人：乔克维人及相关民族的艺术和仪式》，纽约：帕莱斯特出版社，1998 年版。

Bastin, Marie-Louise, "Chokwe Arts：Wealth of Symbolism and Aesthetic Expression." In *Chokwe*！：*Art and Initiation among Chokwe and Related Peoples*, ed. Manuel Jordan（New York：Prestel, 1998）.

马丽亚—路易丝·巴斯汀：《乔克维人的乐器、歌曲和舞蹈》，《非洲音乐》，1992 年，第 7 卷第 2 期，第 23 ~ 44 页。

Bastin, Marie-Louise. "Musical Instruments, Songs and Dances of the Chokwe." *African Music* 7, no. 2（1992）：23 ~ 44.

马丽亚—路易丝·巴斯汀：《乔克维人的雕刻》，法国默东：阿兰和方丝查芬出版社，1982 年版。

Bastin, Marie-Louise. *Les Sculptures Tshokwe*（Meudon, France：Alain et Francoise Chaffin, 1982）.

马丽亚—路易丝·巴斯汀：《使乔克维人走向文明的英雄猎人伊隆加的雕像：乔克维人雕塑的集大成之作》，载马丽亚—路易丝·巴斯汀编，《黑非洲的艺术》，法国阿努维尔：黑非洲的艺术出版社，1978 年版。

Bastin, Marie-Louise. "Statuettes Tshokwe du Héros Civilisateur Tshibinda Ilunga：A propos de Statuettes Tshokwe Représentant un Chef Chasseur." In *Arts d'Afrique Noire*, ed.（Arnouville, France：Arts d'Afrique Noire, 1978）.

沃尔德马·巴斯托斯：《黑色的光》，http：//www. luakabop. com/waldemar/cmp/info. html.

Bastos, Waldemar. "Preta Luz," http：//www. luakabop. com/waldemar/cmp/info. html.

约翰·鲍尔：《基督教在非洲的 2000 年：公元 62 年至 1992 年的非洲史》，肯尼亚内罗毕：波林出版社，1994 年。

Bauer, John. 2000 *Years of Christianity in Africa*：*An African History*, 62 ~ 1992（Nairobi, Kenya：Paulines, 1994）.

杰拉尔德·本德：《葡萄牙统治下的安哥拉：神话与现实》，伯克利和洛杉矶：加州大学出版社，1978 年版。

Bender, Gerald J. *Angola under the Portuguese*：*The Myth and the Reality* (Berkeley and Los Angeles：University of California Press, 1978).

M. R. 巴甘文：《安哥拉的政治经济：1975～1985》，瑞典乌普萨拉：斯堪的纳维亚非洲研究所，1986 年版。

Bhagavan, M. R. *Angola's Political Economy*, 1975～1985 (Uppsala, Sweden：Scandinavian Institute of African Studies, 1986).

《比耶：温普洛人面临食物危机》，安哥拉国家通讯社，2003 年 9 月 4 日，http：//www. angolapress-angop. ao/index-e. asp.

"Bié：Umpulo Population Faces Food Crisis. " Angola Press Agency, September 4, 2003. http：//www. angolapress-angop. ao/index-e. asp.

N. 伯克兰、A. U. 戈麦斯：《安哥拉：万博省的流离失所者》，载马克·文森特和伯吉特·瑞夫斯伦德·索伦森编：《夹在边界：内部流离失所者的反应策略》，伦敦：冥王星出版社，2001 年版。

Birkeland, N. , and A. U. Gomes. "Angola：Deslocados in the Province of Huambo. " In *Caught between Borders*：*Response Strategies of the Internally Displaced*, ed. Marc Vincent and Birgitte Refslund Sorensen (London：Pluto Press, 2001).

戴维·伯明翰：《非洲人对早期葡萄牙人在非洲的活动的反应》，载罗纳德·H. 奇尔科特编：《安哥拉和巴西的抗议和抵制》，伯克利和洛杉矶：加州大学出版社，1972 年版。

Birmingham, David. "The African Response to Early Portuguese Activities in Angola. " In *Protest and Resistance in Angola and Brazil*：*Comparative Studies*, ed. Ronald H. Chilcote (Berkeley and Los Angeles：University of California Press, 1972).

戴维·伯明翰：《安哥拉和莫桑比克的前线民族主义》，新泽西州特伦顿：非洲世界出版社，1992 年版。

Birmingham, David. *Frontline Nationalism in Angola and Mozambique* (Trenton, NJ：Africa World Press, 1992).

戴维·伯明翰：《葡萄牙对安哥拉的征服》，伦敦：牛津大学出版社，

1965 年版。

Birmingham, David. *The Portuguese Conquest of Angola* (London: Oxford University Press, 1965).

戴维·伯明翰:《安哥拉历史的主题和资源》,《非洲事务》, 1974 年 4 月, 第 73 卷第 291 期, 第 188 ~ 203 页。

Birmingham, David. "Themes and Resources of Angolan History." *African Affairs* 73, no. 291 (April 1974): 188 ~ 203.

戴维·伯明翰:《安哥拉的贸易和冲突:1483 年至 1790 年葡萄牙人影响下的姆邦杜人及其邻人》,牛津:克拉伦登出版社, 1966 年版。

Birmingham, David. *Trade and Conflict in Angola: The Mbundu and Their Neighbours under the Influence of the Portuguese*, 1483 ~ 1790 (Oxford: Clarendon Press, 1966).

戴维·伯明翰和菲利斯·M. 马丁编:《1960 年以来的中部非洲史》,纽约:朗文出版社, 1998 年版。

Birmingham, David, and Phyllis M. Martin, eds. *History of Central Africa: The Contemporary Years since* 1960 (New York: Longman, 1998).

埃米尔·布恩扎伊尔、坎迪·马勒布、安迪·史密斯和彭尼·贝伦斯:《海角牧人:南部非洲科伊科伊人的历史》,阿森斯:俄亥俄大学出版社, 1996 年版。

Boonzaier, Emile, Candy Malherbe, Andy Smith, and Penny Berens. *The Cape Herders: A History of the Khoikhoi of Southern Africa* (Athens: Ohio University Press, 1996).

查尔斯·拉夫·博克瑟:《葡萄牙人的海上帝国:1415 ~ 1825》,伦敦:哈钦森出版社, 1969 年版。

Boxer, Charles Ralph. *The Portuguese Seaborne Empire*, 1415 ~ 1825 (London: Hutchinson, 1969).

英奇·布林克曼:《语言、姓名和战争:安哥拉的案例》,《非洲研究评论》, 2004 年 12 月, 第 47 卷第 3 期, 第 143 ~ 163 页。

Brinkman, Inge. "Language, Names, and War: The Case of Angola."

165

African Studies Review 47，no. 3（December 2004）：143～163.

英奇·布林克曼编：《丛林歌声：1966 年至 1975 年东南部安哥拉独立战争期间的 MPLA 歌曲》，德国科隆：鲁迪格坎比出版社，2001 年版。

Brinkman，Inge，ed. *Singing in the Bush：MPLA Songs during the War for Independence in South-East Angola*，1966～1975（Cologne，Germany：Rüdiger Köppe，2001）.

英奇·布林克曼和阿克塞尔·弗莱士编：《祖母的足迹：口述传统和东南部安哥拉对殖民地遭遇的叙述》，德国科隆：坎比出版社，1999 年版。

Brinkman，Inge，and Axel Fleisch，eds. *Grandmother's Footsteps：Oral Tradition and South-East Angolan Narratives on the Colonial Encounter* （Cologne，Germany：Köppe，1999）.

苏珊·赫林·布罗德海德：《安哥拉历史辞典》，新泽西州梅塔钦：稻草人出版社，1992 年版。

Broadhead，Susan Herlin. *Historical Dictionary of Angola* （Metuchen，NJ：Scarecrow Press，1992）.

詹姆斯·布鲁克：《古巴在非洲的奇怪使命》，《纽约时代杂志》，1987 年 2 月 1 日，第 24、28、45、47～48 页。

Brooke，James. "Cuba's Strange Mission in Angola." *New York Times Magazine*，February 1，1987，24，28，45，47～48.

民主、人权和劳工局：《2002 年人权实践国家报告》，http：//www. state. gov/g/drl/rls/hrrpt/2002/18167. htm.

Bureau of Democracy，Human Rights，and Labor. "Country Reports on Human Rights Practices 2002," http：//www. state. gov/g/drl/rls/hrrpt/2002/18167. htm.

唐纳德·伯尼斯：《对非洲葡语文学的批判视角》，华盛顿特区：三大洲出版社，1981 年版。

Burness，Donald. *Critical Perspectives on Lusophone Literature from Africa* （Washington，DC：Three Continents Press，1981）.

唐纳德·伯尼斯：《火焰：来自安哥拉、莫桑比克和佛得角的六位作家》，华盛顿特区：三大洲出版社，1977 年版。

Burness, Donald. *Fire: Six Writers from Angola, Mozambique, and Cape Verde* (Washington, DC: Three Continents Press, 1977).

唐纳德·伯尼斯：《在马蒂的肩膀上：安哥拉战争的古巴文学》，科罗拉多博尔德：林恩林纳出版社，1996 年版。

Burness, Donald. *On the Shoulder of Marti: Cuban Literature of the Angolan War* (Boulder, CO: Lynne Rienner, 1996).

吉勒尔梅·奥古斯托·德·布里托·卡佩罗：《安哥拉历史概览》，里斯本：国家通讯社，1989 年版。

Capello, Guilherme Augusto de Brito. *Aspects of Angolan History* (Lisbon: Imprensa Nacional, 1989).

玛丽亚·安东尼亚·卡斯特罗、米格尔·甘斯潘和巴尔比纳·文图拉·费利克斯：《艾滋病防治的文化视角：安哥拉的经验》，《联合国教科文组织特别系列》，1999 年，第 4 期，第 33 ~ 34 页。

Castelo, Maria Antónia, Miguel Gaspan, and Balbina Ventura Félix. "A Cultural Approach to HIV/AIDS Prevention and Care: Angola's Experience." *UNESCO Special Series*, no. 4 (1999): 33 ~ 34.

中央情报局：《安哥拉》，《世界概览》，2006 年，https://www.cia.gov/cia/publications/factbook/geos/ao.html.

Central Intelligence Agency. "Angola." *World Fact Book* (2006), https://www.cia.gov/cia/publications/factbook/geos/ao.html.

赫利·沙特兰：《安哥拉民间故事：英语译文、引言和注释并附有金邦杜语文本的五十个故事》，纽约：黑人大学出版社，1894 年版。

Chatelain, Héli, ed. *Folk-Tales of Angola: Fifty Tales with Kimbundu Text, Literal English Translation, Introduction, and Notes* (New York: Negro University Press, 1894).

戴维·M. 切尼：《根据省分和名字的安哥拉统计》，罗马梵蒂冈教廷网站，http://www.catholic-hierarchy.org/country/spcao4.html.

Cheney, David M. "Angola Statistics by Province by Name." Catholic-Hierarchy. org, http：//www. catholic-hierarchy. org/country/spcao4. html.

罗纳德·H. 奇尔科特编：《安哥拉和巴西的抗议和抵制》，伯克利和洛杉矶：加州大学出版社，1972 年版。

Chilcote, Ronald H. , ed. *Protest and Resistance in Angola and Brazil：Comparative Studies* (Berkeley and Los Angeles：University of California Press, 1972).

杰基·卡西利亚斯、克里斯蒂安·迪特里希：《安哥拉的战争经济：石油和钻石的作用》，南非比勒陀利亚：安全研究所，2000 年版。

Cilliers, Jakkie, and Christian Dietrich. *Angola's War Economy：The Role of Oil and Diamonds* (Pretoria, South Africa：Institute for Security Studies, 2000).

詹姆斯·西门特：《安哥拉和莫桑比克：南部非洲后殖民地时期的战争》，纽约：记录事实出版社，1997 年版。

Ciment, James. *Angola and Mozambique：Postcolonial Wars in Southern Africa* (New York：Facts on File, 1997).

W. G. 克拉伦斯—史密斯：《南部非洲的奴隶、农民和资本家：1840~1926》，剑桥：剑桥大学出版社，1979 年版。

Clarence-Smith, W. G. *Slaves, Peasants, and Capitalists in Southern Angola*, 1840~1926 (Cambridge：Cambridge University Press, 1979).

路易斯·菲利浦·索萨·柯拉科：《安哥拉的妇女状况》，罗安达：安哥拉妇女组织，1990 年。

Colaço, Luis Filipe Sousa. *A situacao da mulher em Angola* (Luanda：OMA and Sida, 1990).

保护记者委员会：《国别报告：安哥拉》，1998 年 12 月 31 日，http：//www. cpj. org/attacks98/1998/Africa/Angola. html.

Committee to Protect Journalists. "Country Report：Angola" (31 December 1998), http：//www. cpj. org/attacks98/1998/Africa/Angola. html.

《冷酷的韵律》，《SANANGO 大全》，2004 年冬，第 4 期，第 22 页。

"Cool Rhythms." SANANGO Universo no, 4（winter 2004）：22.

布赖恩·C. 考克斯编：《非洲作家》，纽约：斯克里布纳出版社，1997 年版。

Cox, Brian C. , ed. African Writers（New York：Scribner, 1997）.

丹尼尔·J. 克劳利：《非洲人的审美观》，《美学和艺术批评杂志》，1966 年，第 24 卷第 4 期，第 523 页。

Crowley, Daniel J. "An African Aesthetic." Journal of Aesthetics and Art Criticism 24, no. 4（1966）：523.

瓦莱莉·柯蒂斯：《安哥拉马兰热的水与妇女的工作》，伦敦：伦敦卫生与热带医学学院出版社，1988 年版。

Curtis, Valerie. Water and Women's Work in Malanje, Angola（London：London School of Hygiene and Tropical Medicine, 1988）.

戴维·多尔比：《非洲及其附属岛屿的语言地图》，伦敦：国际非洲学会，1977 年。

Dalby, David. Language Map of Africa and the Adjacent Islands（London：International African Institute, 1977）.

O. R. 达索恩和威尔弗莱德·弗瑟编：《散文中的非洲》，巴尔的摩：企鹅出版社，1969 年版。

Dathorne, O. R. , and Willfried Feuser, eds. Africa in Prose（Baltimore：Penguin Books, 1969）.

O. R. 达索恩和威尔弗莱德·弗瑟编：《20 世纪的非洲文学》，伦敦：海涅曼出版社，1976 年版。

Dathorne, O. R. , and Willfried Feuser, eds. African Literature in the Twentieth Century（London：Heinemann, 1976）.

O. R. 达索恩和威尔弗莱德·弗瑟编：《黑人的心灵：非洲文学史》，明尼阿波利斯：明尼苏达大学出版社，1974 年版。

Dathorne, O. R. , and Willfried Feuser, eds. The Black Mind：A History of African Literature（Minneapolis：University of Minnesota Press, 1974）.

166

《大众传媒部副部长谈新的新闻法》，安哥拉国家通讯社，2005 年 9 月 1 日，http：//www. angolapress-angop. ao/noticia-e. asp？ ID＝370540.

"Deputy Mass Media Minister on New Press Law." *Angola Press*, 1 September 2005, http：//www. angolapress-angop. ao/noticia-e. asp？ ID ＝370540.

戴维·杜奇曼：《改变非洲历史：安哥拉和纳米比亚》，澳大利亚北墨尔本：海洋出版社，1991 年版。

Deutschmann, David. *Changing the History of Africa*：*Angola and Namibia* (North Melbourne, Australia：Ocean, 1991).

《安哥拉的选举》，《非洲选举数据库》，http：//africanelections. tripod. com/ao. html#1992_ Presidential_ Election.

"Elections in Angola," *African Elections Database*, http：// africanelections. tripod. com/ao. html#1992_ Presidential_ Election.

理查德·埃尔菲克和罗德尼·达文波特编：《南非的基督教》，伯克利和洛杉矶：加州大学出版社，1997 年版。

Elphick, Richard, and Rodney Davenport, eds. *Christianity in South Africa* (Berkeley and Los Angeles：University of California Press, 1997).

梅尔文·恩伯和卡罗尔·R. 恩伯编：《国家及其文化》，麦克米兰出版社，2001 年版。

Ember, Melvin, and Carol R. Ember, eds. *Countries and Their Cultures* (Macmillan, 2001).

尼古拉斯·M. 英格兰：《纳米比亚的土著人及相关民族的音乐》，纽约：加兰出版社，1995 年版。

England, Nicholas M., *Music among the Zu'/wã-si and Related Peoples of Namibia, Botswana, and Angola* (New York：Garland, 1995).

帕梅拉·S. 法尔克：《古巴在非洲》，《外交事务》，1987 年夏，第 65 卷第 5 期，第 1077～1096 页。

Falk, Pamela S. "Cuba in Africa." *Foreign Affairs* 65, no. 5 (summer 1987)：1077～1096.

托因·法罗拉：《殖民主义与剥削：葡萄牙在非洲的案例》，《葡语地区研究杂志》，1983 年 1 月，第 1 卷第 1 期，第 41～62 页。

Falola, Toyin. "Colonialism and Exploitation: The Case of Portugal in Africa." *Lusophone Area Studies Journal* 1, no. 1 (January 1983): 41～62.

《家庭部部长谴责早婚》，安哥拉国家通讯社，2006 年 4 月 11 日，http://allafrica. com/stories/200604120149. html.

"Family Minister Condemns Premature Marriage." *Angola Press Agency*, April 11, 2006, http://allafrica. com/stories/200604120149. html.

奥利弗·弗利编：《非洲的冲突》，伦敦：I. B. 陶里斯出版社，1995 年版。

Furley, Oliver, ed. *Conflict in Africa* (London: I. B. Tauris, 1995).

克里斯托弗·法伊夫和安德鲁·沃尔斯编：《1990 年代非洲的基督教》，爱丁堡：爱丁堡大学非洲研究中心，1996 年版。

Fyfe, Christopher, and Andrew Walls, eds. *Christianity in Africa in the 1990s* (Edinburgh: Centre of African Studies, University of Edinburgh, 1996).

凯文·盖恩斯：《提升种族：20 世纪黑人的领导力、政治和文化》，教堂山：北卡莱罗纳大学出版社，1996 年版。

Gaines, Kevin. *Uplifting the Race: Black Leadership, Politics, and Culture in the Twentieth Century* (Chapel Hill: University of North Carolina Press, 1996).

C. 吉尔茨：《文化解释》，纽约：基础读物出版社，1973 年版。

Geertz, C. *The Interpretation of Cultures* (New York: Basic Books, 1973).

保卢斯·格德斯：《来自非洲的几何学：数学和教育探索》，华盛顿特区：美国数学学会，1999 年版。

Gerdes, Paulus. *Geometry from Africa: Mathematical and Educational Explorations* (Washington, DC: Mathematical Association of America, 1999).

沃纳·吉伦:《收集非洲艺术品》,伦敦:远景工作室/克里斯蒂出版社,1979 年版。

Gillon, Werner. *Collecting African Art* (London: Studio Vista/Christie's, 1979).

奥多尼奥·戈麦斯、费尔南达·卡拉卡斯:《非洲葡语文学作家大辞典》,里斯本:路径出版社,1997 年。

Gomes, Aldónio, and Fernanda Cavacas. *Dicionàrio de Autores de Literaturas Africanas de Língua Portuguesa* (Lisbon: Editorial Caminho, 1997).

爱德华·C. 格林、阿尔辛达·翁瓦纳:《对受战争影响的非洲儿童的本土治疗》,《非洲政策 E 杂志》,1999 年 7 月,第 10 期。http://www. africaaction. org/docs99/viol9907. htm.

Green, Edward C, and Alcinda Honwana. "Indigenous Healing of War-Affected Children in Africa." *Africa Policy E-Journal* no. 10 (July 1999), http://www. africaaction. org/docs99/viol9907. htm.

詹姆斯·格伦费尔:《西蒙·穆托科:一个安哥拉先知》,《非洲宗教杂志》,1998 年 5 月,第 28 卷第 2 期,第 210~226 页。

Grenfell, James. "Simão Toco: An Angolan Prophet." *Journal of Religion* in Africa 28, no. 2 (May, 1998): 210~226.

格哈德·格罗斯、格德哈德·萨尼克: 《安哥拉的国家与教会: 1450~1980》,日内瓦:国际关系学院出版社,1983 年版。

Grohs, Gerhard, and Godehard Czernik. *State and the Church in Angola*, 1450~1980 (Geneva: Institut universitaire de hautes études internationales, 1983).

阿尼塞托·基马良斯:《安哥拉钳制新闻自由的恶行》,《今日安哥拉》,1996 年 2 月 29 日,第 3~4 页。

Guimarães, Aniceto. "The Evils of Muzzled Press in Angola." *Angola Today*, February 29, 1996, 3~4.

费尔南多·安德森·吉马良斯:《安哥拉内战的起源:国外干预和民

主政治冲突》，纽约：圣马丁出版社，1998 年版。

Guimarães, Fernando Andresen. *The Origins of the Angolan Civil War：Foreign Intervention and Domestic Political Conflict*（New York：St. Martin´s Press，1998）.

L. 哈布古德：《安哥拉农村人的健康与生活：一个参与式研究》，牛津：牛津饥荒救济委员会，1999 年版。

Habgood, L. *Health and Livelihoods in Rural Angola：A Participatory Research Project*（Oxford：Oxfam，1999）.

多琳达·哈夫纳：《非洲的美食：传统与现代的非洲烹饪》，加州伯克利：十速出版社，2002 年版。

167

Hafner, Dorinda. *A Taste of Africa：Traditional and Modem African Cooking*（Berkeley，CA：Ten Speed Press，2002）.

威尔弗雷德·D. 汉布利：《安哥拉的奥文本杜人》，芝加哥：田野历史博物馆，1934 年版。

Hambly, Wilfried D. *The Ovimbundu of Angola*（Chicago：Field Museum of History，1934）.

雪莉·Y. 汉弥尔顿：《邂逅葡萄牙美食：来自葡萄牙、马德拉/亚速尔群岛、几内亚—比绍、佛得角、圣多美和普林西比、安哥拉、莫桑比克、果阿、巴西、马六甲、东帝汶和澳门的食谱》，纽约：希波克里尼图书出版社，2001 年版。

Hamilton, Cherie Y. *Cuisines of Portuguese Encounters：Recipes from Portugal，Madeira/Azores，Guinea-Bissau，Cape Verde，São Tomé and Príncipe，Angola，Mozambique，Goa，Brazil，Malacca，East Timor，and Macao*（New York：Hippocrene Books，2001）.

拉塞尔·G. 汉弥尔顿：《非洲文学、必要文学，第 1 卷：安哥拉》，里斯本：版本 70，1981 年版。

Hamilton, Russell G. *Literatura Africana，Literatura Necessària，Vol.*1：*Angola*（Lisbon：Edições 70，1981）.

拉塞尔·G. 汉弥尔顿：《来自帝国的声音：非洲葡语文学史》，明尼阿波利斯：明尼苏达大学出版社，1975 年版。

Hamilton, Russell G. *Voices from an Empire*: *A History of Afro-Portuguese Literature* (Minneapolis: University of Minnesota Press, 1975).

保罗·黑尔：《安哥拉最后的最佳的和平时机：和平进程的内部叙述》，华盛顿特区：美国和平研究所出版社，1998 年版。

Hare, Paul. *Angola's Last Best Chance for Peace*: *An Insider's Account of the Peace Process* (Washington, DC: United States Institute of Peace Press, 1998).

杰西卡·B. 哈里斯：《非洲食谱：一个大陆的美食》，纽约：西蒙和舒斯特出版社，1998 年版。

Harris, Jessica B. *The Africa Cookbook*: *Tastes of a Continent* (New York: Simon & Schuster, 1998).

基思·哈特和乔安娜·刘易斯编：《为何安哥拉重要》，剑桥：剑桥大学出版社，1995 年版。

Hart, Keith, and Joanna Lewis, eds. *Why Angola Matters* (Cambridge: University of Cambridge, 1995).

阿德里安·黑斯廷斯：《非洲天主教：发现随笔》，费城：三一国际出版社，1989 年版。

Hastings, Adrian. *African Catholicism*: *Essays in Discovery* (Philadelphia: Trinity Press International, 1989).

弗兰兹—威廉·赫默尔编：《安哥拉的社会变迁》，慕尼黑：世界论坛出版社，1973 年版。

Heimer, Franz-Wilhelm, ed. *Social Change in Angola* (Munich: Weltforum Verlag, 1973).

劳伦斯·W. 亨德斯：《安哥拉：五个世纪的冲突》，纽约州伊萨卡：康奈尔大学出版社，1990 年版。

Henderson, Lawrence W. *Angola*: *Five Centuries of Conflict* (Ithaca, NY: Cornell University Press, 1990).

劳伦斯·W. 亨德斯：《安哥拉的教会：汇流成河》，克里夫兰：朝圣者出版社，1992 年版。

Henderson, Lawrence W. *The Church in Angola：A River of Many Currents* (Cleveland：Pilgrim Press, 1992).

劳伦斯·W. 亨德斯：《安哥拉的发展与教会：先驱杰西·奇彭达》，内罗毕：阿克顿出版社，2000 年版。

Henderson, Lawrence W. *Development and the Church in Angola：Jesse Chipenda, the Trailblazer* (Nairobi：Acton Publishers, 2000).

劳伦斯·W. 亨德斯：《加兰盖：在安哥拉由美国黑人提议、支持和工作的一个传教站的独特故事》，纽约：世界牧师联合教会委员会，1986 年版。

Henderson, Lawrence W. *Galangue：The Unique Story of a Mission Station in Angola Proposed, Supported, and Staffed by Black Americans* (New York：United Church Board for World Ministries, 1986).

阿里森·巴特勒·赫里克：《安哥拉的地图手册》，华盛顿特区：美国政府印务局，1967 年版。

Herrick, Allison Butler. *Area Handbook for Angola* (Washington, DC：U. S. Government Printing Office, 1967).

安·希尔顿：《刚果王国》，牛津：牛津大学出版社，1985 年版。

Hilton, Ann. *The Kingdom of the Kongo* (Oxford：Oxford University Press, 1985).

托尼·霍奇思：《安哥拉之后：波及南部非洲的战争》，纽约：非洲文献出版社，1976 年版。

Hodges, Tony. *After Angola：The War over Southern Africa* (New York：Africana, 1976).

托尼·霍奇思：《安哥拉：解析石油国家》，布卢明顿：印第安纳大学出版社，2004 年版。

Hodges, Tony. *Angola：Anatomy of an Oil State* (Bloomington：Indiana University Press, 2004).

托尼·霍奇思：《安哥拉：从黑人斯大林主义到石油美元资本主义》，

布卢明顿：印第安纳大学出版社，2001 年版。

Hodges, Tony. *Angola from Afro-Stalinism to Petro-Dollar Capitalism* (Bloomington: Indiana University Press, 2001).

阿尔辛达·翁瓦纳：《非洲的儿童士兵》，费城：宾夕法尼亚大学出版社，2006 年版。

Honwana, Alcinda. *Child Soldiers in Africa* (Philadelphia: University of Pennsylvania Press, 2006).

阿尔辛达·翁瓦纳：《精神健康的非西方观念》，《难民经历》，http：//earlybird. qeh. ox. ac. uk/rfgexp/rsp_ tre/student/nonwest/toc. htm.

Honwana, Alcinda. "Non-Western Concepts of Mental Health," *The Refugee Experience*, http：//earlybird. qeh. ox. ac. uk/rfgexp/rsp _ tre/student/nonwest/toc. htm.

阿尔辛达·翁瓦纳：《让我们点燃新的希望：安哥拉对受战争影响儿童的战后治疗和重返社会的本土知识》，基督教儿童基金会的咨询报告，1998 年，第 22 辑，http：//www. forcedmigration. org/psychosocial/inventory/pwg001/.

Honwana, Alcinda. "*Okusiakala ondalo yokalye*, Let Us Light the New Fire: Local Knowledge in the Post-War Healing and Reintegration of War-Affected Children in Angola." *Consultancy Report for the Christian Children Fund* 22 (1998), http：//www. forcedmigration. org/psychosocial/inventory/pwg001/.

塔米·赫尔特曼编：《非洲的新食谱：西方食堂的非洲烹饪》，纽约：企鹅出版社，1986 年版。

Hultman, Tami, ed. *The Africa News Cookbook: African Cooking for Western Kitchens* (New York: Penguin, 1986).

人权观察组织：《解密安哥拉：卢萨卡和平进程的起伏》，纽约：人权观察组织，1999 年。

Human Rights Watch. *Angola Unravels: The Rise and Fall of the Lusaka Peace Process* (New York: Human Rights Watch, 1999).

苏珊·赫利奇:《安哥拉:国家性别分析》,第 2 卷,罗安达:发展研讨会,1991 年版。

Hurlich, Susan. *Angola: Country Gender Analysis*, 2 vols. (Luanda: Development Workshop 1991).

哥伦比亚百科全书:《安哥拉》,http://www.infoplease.com/ipa/A0107280.html.

Infoplease. "Angola." http://www.infoplease.com/ipa/A0107280.html.

约瑟夫·伊尼克瑞:《非洲与跨大西洋奴隶贸易》,载托因·法罗拉,《非洲第 1 卷:1885 年之前的非洲》,北卡莱罗纳州达勒姆:卡莱罗纳学术出版社,2000 年版。

Inikori, Joseph. "Africa and the Trans-Atlantic Slave Trade." In *Africa Volume I: Africa before* 1885, ed. Toyin Falola (Durham, NC: Carolina Academic Press, 2000).

国际女同性恋和男同性恋联合会,《世界法律调查:安哥拉》,1999年,http://www.ilga.info/Information/Legal_ survey/africa/angola.htm.

International Lesbian and Gay Association. *World Legal Survey: Angola* (1999), http://www.ilga.info/Information/Legal _ survey/africa/angola.htm.

阿比奥拉·伊瑞利和西蒙·吉坎迪编:《剑桥版非洲和加勒比文学史》,剑桥:剑桥大学出版社,2004 年版。

Irele, Abiola, and Simon Gikandi, eds. *The Cambridge History of African and Caribbean Literature* (Cambridge: Cambridge University Press, 2004).

伊丽莎白·伊斯凯:《非洲基督教史:从古代到现在》,新泽西州劳伦斯维尔:非洲世界出版社,1995 年版。

Isichei, Elizabeth. *A History of Christianity in Africa from Antiquity to the Present* (Lawrenceville, NJ: Africa World Press, 1995).

希尔瓦·M. 雅各布斯编:《美国黑人与非洲的传教运动》,康尼狄格州韦斯特波特:格林伍德出版社,1982 年版。

168

Jacobs, Sylvia M. , ed. *Black Americans and the Missionary Movement in Africa* (*Westport, CT*: *Greenwood Press*, 1982).

里利·M. 约翰逊：《传教士—政府关系：在英国和葡萄牙殖民地的美国黑人》，载希尔瓦·M. 雅各布斯编，《美国黑人与非洲的传教运动》，康尼狄格州韦斯特波特：格林伍德出版社，1982年版。

Johnson, Lillie M. "Missionary-Government Relations: Black Americans in British and Portuguese Colonies. " In *Black Americans and the Missionary Movement in Africa*, ed. Sylvia M. Jacobs (Westport, CT: Greenwood Press, 1982).

曼纽尔·乔丹编：《乔克维人：乔克维人及相关民族的艺术和仪式》，纽约：帕莱斯特出版社，1998年版。

Jordán, Manuel, ed. *Chokwe! Art and Initiation among Chokwe and Related Peoples* (New York: Prestel, 1998).

曼纽尔·乔丹：《刚果王国》，纽约：富兰克林·瓦茨出版社，1999年版。

Jordán, Manuel. *The Kongo Kingdom* (New York: Franklin Watts, 1999).

路易斯·坎德基姆博：《安哥拉作家》，http://www. nexus. ao/kandjimbo/ index_ escritores. htm.

Kandjimbo, Luís. "Verbetes: de escritores Angolanos," http://www. nexus. ao/kandjimbo/ index_ escritores. htm.

阿瑟·克莱曼：《文化情境下的病人与治疗师：对人类学、医学与精神病学交叉地带的探索》，伯克利和洛杉矶：加州大学出版社，1980年版。

Kleinman, Arthur. *Patients and Healers in the Context of Culture*: *An Exploration of the Borderland between Anthropology, Medicine, and Psychiatry* (Berkeley and Los Angeles: University of California Press, 1980).

格哈德·库比克：《巴西黑人音乐、游戏和舞蹈中的安哥拉特征：对非洲文化海外延伸的研究》，里斯本：海外科学探索理事会，1979年版。

Kubik, Gerhard. *Angolan Traits in Black Music*, *Games and Dances of Brazil*: *A Study of African Cultural Extensions Overseas* (Lisbon: Junta de Investigações Científicas do Ultramar, 1979).

格哈德·库比克：《安哥拉的拇指琴调音 Kufuna Kandonga》，《非洲音乐》，1980 年，第 6 期第 1 卷，第 70~88 页。

Kubik, Gerhard. "Likembe Tunings of Kufuna Kandonga (Angola)." *African Music* 6, no. 1 (1980): 70~88.

默多珀·拉博德：《本土人了解当地人：1919 年至 1940 年美国黑人传教士笔下的安哥拉》，《北极星》，2000 年秋，第 4 卷第 1 期，第 1~14 页。

Labode, Modupe. "'A Native Knows a Native': African American Missionaries' Writings about Angola, 1919~1940." The North Star 4, no. 1 (fall 2000): 1~14.

格哈德斯·斯蒂芬·拉布斯查尼：《莫斯科、哈瓦那和 MPLA 接管安哥拉》，南非比勒陀利亚：外交事务协会，1976 年版。

Labuschagne, Gerhardus Stephanus. *Moscow*, *Havana and the MPLA Takeover of Angola* (Pretoria, South Africa: Foreign Affairs Association, 1976).

杰森·洛尔：《安哥拉：世界的魅力》，芝加哥：儿童出版社，1990 年版。

Lauré, Jason. *Angola*: *Enchantment of the World* (Chicago: Children's Press, 1990).

M. D. 利基、L. S. B. 利基：《来自安哥拉东北部的一些翻绳游戏》，里斯本：东多博物馆，1949 年版。

Leakey, M. D., and L. S. B. Leakey. *Some String Figures from North East Angola* (Lisbon: Musea Do Dondo, 1949).

柯林·利格姆：《在南部非洲的苏联、中国和西方国家》，《外交事务》，1976 年 7 月，第 54 起第 4 卷，第 745~762 页。

Legum, Colin. "The Soviet Union, China, and the West in Southern

Africa. " *Foreign Affairs* 54 no. 4（July 1976）: 745～762.

安娜·马法尔达·雷特:《安哥拉》,载帕特里克·沙巴尔编,《后殖民地时期的葡语非洲文学》,伊利诺斯州埃文斯顿:西北大学出版社,1996 年版。

Leite, Ana Mafalda. " Angola. " In *The Post-Colonial Literature of Lusophone Africa*, ed. Patrick Chabal（Evanston, IL: Northwestern University Press, 1996）.

保罗·洛夫乔伊:《奴隶制的转型:非洲奴隶制的历史》,剑桥:剑桥大学出版社,2000 年版。

Lovejoy, Paul. *Transformations in Slavery: A History of Slavery in Africa*（Cambridge: Cambridge University Press, 2000）.

兰克·卢克—布恩:《非洲织物》,威斯康星州艾达:克劳斯出版社,2001 年版。

Luke-Boone, Ronke. *African Fabrics*（Ida, WI: Krause, 2001）.

诺利·麦克奎恩:《葡语非洲的去殖民化:城市革命与帝国的解体》,纽约:朗文出版社,1997 年版。

Macqueen, Norrie. *The Decolonization of Portuguese Africa: Metropolitan Revolution and the Dissolution of Empire*（New York: Longman, 1997）.

卡尔·迈尔:《安哥拉:承诺与谎言》,南非里沃尼亚:W. 沃特曼出版社,1996 年版。

Maier, Karl. *Angola: Promises and Lies*（Rivonia, South Africa: W. Waterman, 1996）.

肯尼·曼:《中西部非洲:刚果、恩东戈》,新泽西州帕西帕西:狄龙出版社,1996 年版。

Mann, Kenny. *West Central Africa: Kongo, Ndongo*（Parsippany, NJ: Dillon Press, 1996）.

拉斐尔·马奎斯:《独裁统治的口红》,《现在》,1999 年 7 月 3 日,http: //www. afrol. com/ Countries/Angola/backgr_ marques_ santos. htm.

Marques, Rafael. " The Lipstick of Dictatorship. " *Agora*, July 3,

1999，http：//www. afrol. com/ Countries/Angola/backgr _ marques _ santos. htm.

麦兰·麦柯克罗齐：《安哥拉的奥文本杜人》，伦敦：国际非洲学会，1962 年版。

McCulloch, Merran. *The Ovimbundu of Angola* (London：International African Institute, 1952).

麦兰·麦柯克罗齐：《南隆达人及相关民族》，伦敦：国际非洲学会，1951 年版。

McCulloch, Merran. *The Southern Lunda and Related Peoples* (London：International African Institute, 1951).

帕特·麦基萨克：《恩津加：马坦巴的战神女王》，纽约：学术出版社，2000 年版。

McKissack, Pat. *Nzingha：Warrior Queen of Matamba* (New York：Scholastic, 2000).

佩德罗·罗萨·门德斯：《老虎湾：一个非洲的奥德赛经过饱受战争蹂躏的安哥拉》，圣地亚哥：哈考特出版社，2000 年版。

Mendes, Pedro Rosa. *Bay of Tigers：An African Odyssey through War-Torn Angola* (San Diego：Harcourt, 2003).

若泽·玛丽亚·门迪洛斯：《罗安达》，巴塞罗那：行星出版社，2001 年版。

Mendiluce, José María. *Luanda* (Barcelona：Planeta, 2001).

克里斯汀·梅西安特：《安哥拉：建国的挑战》，载戴维·伯明翰和菲利斯·M. 马丁编，《1960 年以来的中部非洲史》，纽约：朗文出版社，1998 年版。

Messiant, Christine. "Angola：The Challenge of Statehood." In *History of Central Africa：The Contemporary Years since* 1960, ed. David Birmingham and Phyllis M. Martin (New York：Longman, 1998).

约瑟夫·考尔德·米勒：《国王与同族：安哥拉的早期姆本杜国家》，牛津：克拉伦登出版社，1976 年版。

169

Miller, Joseph Calder. *Kings and Kinsmen: Early Mbundu States in Angola* (*Oxford: Clarendon Press*, 1976).

约瑟夫·考尔德·米勒:《死亡的方式: 1730 年至 1830 年商业资本主义与安哥拉的奴隶贸易》, 麦迪逊:威斯康星大学出版社, 1988 年版。

Miller, Joseph Calder. *Way of Death: Merchant Capitalism and the Angolan Slave Trade*, 1730 ~ 1830 (Madison: University of Wisconsin Press, 1988).

威廉·明特:《种族隔离的反政府: 对安哥拉和莫桑比克战争根源的探究》, 伦敦:泽德出版社, 1994 年。

Minter, William. *Apartheid's Contras: An Inquiry into the Roots of War in Angola and Mozambique* (London: Zed Books, 1994).

路易斯·米特拉斯:《葡语非洲国家的戏剧》, 载马丁·巴纳姆编, 《非洲戏剧史》, 剑桥:剑桥大学出版社, 2004 年版。

Mitras, Luís. "Theatre in Portuguese Speaking African Countries." In *A History of Theatre in Africa*, ed. Martin Banham (Cambridge: Cambridge University Press, 2004).

拉米罗·拉蒂罗·蒙泰罗:《从扩展家庭到残缺家庭: 罗安达贫民区中的社会变迁》, 载弗兰兹—威廉·赫默尔编:《安哥拉的社会变迁》, 慕尼黑:世界论坛出版社, 1973 年版。

Monteiro, Ramiro Ladeiro. "From Extended to Residual Family: Aspects of Social Change in the *musséques* of Luanda." In *Social Change in Angola*, ed. Franz-Wilhelm Heimer (Munich: Weltforum Verlag, 1973).

马丽萨·摩尔曼:《决斗乐队与好姑娘: 1961 年至 1974 年罗安达贫民区中的性别与音乐》, 《非洲历史研究国际杂志》, 2004 年, 第 37 卷第 2 期, 第 255 ~ 288 页。

Moorman, Marissa. "Dueling Bands and Good Girls: Gender and Music in Luanda´s Musseques, 1961 ~ 1974." *International Journal of African Historical Studies* 37, no. 2 (2004): 255 ~ 288.

马丽萨·摩尔曼:《论西部电影、女性和战争: 重新定位安哥拉的电影与国家》，《非洲文学研究》，2001 年秋，第 32 卷第 3 期，第 103 ~ 122 页。

Moorman, Marissa. "Of Westerns, Women and War: Resituating Angolan Cinema and the Nation." *Research in African Literature* 32, no. 3 (fall 2001): 103 ~ 122.

马丽萨·摩尔曼：《披上一块布料并向我们的祖父母那样跳舞：殖民地晚期罗安达的服饰与民族》，载吉恩·奥尔曼编，《装扮非洲：权力与服饰的政治学》，布卢明顿：印第安纳大学出版社，2004 年版。

Moorman, Marissa. "Putting on a Pano and Dancing like Our Grandparents: Dress and Nation in Late Colonial Luanda." In *Fashioning Africa: Power and the Politics of Dress*, ed. Jean Allman (Bloomington: Indiana University Press, 2004).

《更多关于保罗·弗洛里斯的介绍》，葡语非洲国家，http://www. palopafrica. co. uk/palop/scene/ paulo. html.

"More about Paulo Flores." *Palop Africa*, http://www. palopafrica. co. uk/palop/scene/ paulo. html.

杰拉尔德·M. 莫泽：《葡语非洲文学中的散文》，大学城：宾夕法尼亚州立大学出版社，1969 年版。

Moser, Gerald M. *Essays in Portuguese-African Literature* (University Park: Pennsylvania State University Press, 1969).

杰拉尔德·莫泽、曼努埃尔·费雷拉：《葡语非洲文学新的书目提要》，伦敦：汉斯泽尔出版社，1993 年版。

Moser, Gerald, and Manuel Ferreira. *A New Bibliography of the Lusophone Literatures of Africa* (London: Hans Zell, 1993).

费尔南多·奥古斯托·阿尔伯克基·莫朗：《安哥拉文学协会》，巴西圣保罗：阿提卡出版社，1978 年版。

Mourão, Fernando Augusto Albuquerque. *A Sociedade Angolana Através da Literatura* (São Paulo, Brazil: Editora Ática 1978).

玛格丽特·内伯：《联合国警告：一半的安哥拉孩子营养不良》，

《苏格兰人》，2005 年 9 月 20 日，http：//news. scotsman. com/topics. cfm? tid = 666 & id = 1964632005.

Neighbour, Margaret. "Half of Angola's Children Malnourished, UN Warns," *The Scotsman*, September 20, 2005, http：//news. scotsman. com/topics. cfm? tid = 666 & id = 1964632005.

阿戈斯蒂纽·内图：《神圣的希望》，罗安达，安哥拉作家联盟，1979 年版。

Neto, Agostinho. *Sagrada Esperança* (Luanda：União dos Escritores Angolanos, 1979).

理查德·尼德尔：《世界音乐：基本知识》，纽约：卢蒂奇出版社，2005 年版。

Nidel, Richard. *World Music：The Basics* (New York：Roudedge, 2005).

奥乌卡·N. 恩奥库：《姆邦杜人》，纽约：罗森出版社，1997 年版。

Njoku, Onwuka N. *Mbundu* (New York：Rosen, 1997).

卡罗琳·诺德斯特姆：《不同类型的战争故事》，费城：宾夕法尼亚州大学出版社，1997 年版。

Nordstrom, Carolyn. *A Different Kind of War Story* (Philadelphia：University of Pennsylvania Press, 1997).

雅各布·K. 奥鲁普纳编：《当代社会中的非洲传统宗教》，纽约：国际宗教基金会，1991 年。

Olupona, Jacob K., ed. *African Traditional Religion in Contemporary Society* (New York：International Religious Foundation, 1991).

安哥拉妇女组织：《南部非洲的解放：安哥拉的妇女组织》，芝加哥：安哥拉、莫桑比克和几内亚解放芝加哥委员会，1976 年。

Organização da Mulher Angola. *Liberation in Southern Africa：The Organization of Angolan Women* (Chicago：Chicago Committee for the Liberation of Angola, Mozambique, and Guinea, 1976).

奥耶坎·奥沃莫耶拉：《非洲文学》，微软在线百科全书，2005 年，

170

http：//encarta. msn. com/encyclopedia ＿ 761555353 ＿ 1/African ＿ Literature. html.

Owomoyela, Oyekan. "African Literature." *Microsoft Encarta Online Encyclopedia* (2005), http：//encarta. msn. com/encyclopedia＿ 761555353 ＿ 1/African＿ Literature. html.

阿德巴约·奥耶巴德：《激进民族主义与解放战争》，载托因·法罗拉，《非洲第4卷：殖民统治、民族主义和去殖民地化》，北卡莱罗纳州达勒姆：卡莱罗纳学术出版社，2000年版。

Oyebade, Adebayo. "Radical Nationalism and Wars of Liberation." In *Africa*, *VoL.* 4：*Colonial Rule*, *Nationalism*, *and Decolonization*, ed. Toyin Falola (Durham, NC：Carolina Academic Press, 2000).

罗兰·帕里斯：《战争结束时：内战冲突后建设和平》，剑桥：剑桥大学出版社，2004年。

Paris, Roland. *At War's End*：*Building Peace after Civil Conflict* (Cambridge：Cambridge University Press, 2004).

《国民议会通过关于信仰、崇拜和宗教的法律》，安哥拉国家通讯社，2004 年 5 月 31 日，http：//www. angolaprcss-angop. ao/noticia-e. asp? IDss255374.

"Parliament Passes Law on Freedom of Conscience, Worship, Religion." *Angola Press*, 31 May 2004, http：//www. angolaprcss-angop. ao/noticia-e. asp? IDss255374.

《人们呼吁和平》，《人们建设和平》，http：//www. gppac. net/documents/ pbp/5/4＿ radio＿ . htm.

"People Are Calling for Peace." *People Building Peace*, http：//www. gppac. net/documents/ pbp/5/4＿ radio＿ . htm.

皮皮蒂拉：《亚卡》，玛迦·霍内斯译，牛津：海涅曼出版社，1996年版。

Pepetela. *Yaka*. Trans. Marga Holness (Oxford：Heinemann, 1996).

菲利斯·佩雷斯：《葡语非洲叙述中的文化嫁接与反抗》，盖恩斯维尔：佛罗里达大学出版社，1997 年。

Peres, Phyllis. *Transculturation and Resistance in Lusophone African Narrative* (Gainesville: University Press of Florida, 1997).

安哥拉共和国驻联合国代表团：《通讯》，2005 年 2 月，第 11 期，http：//www. un. int/angola/newsletter11. htm.

Permanent Mission of the Republic of Angola to the United Nations. Newsletter no. 11 (February 2005), http：//www. un. int/angola/newsletter11. htm.

布鲁诺·达·庞特：《最后一个离开者：葡萄牙在非洲的殖民主义》，伦敦：国际防务和援助基金，1974 年版。

Ponte, Bruno da. *The Last to Leave: Portuguese Colonialism in Africa* (London: International Defence and Aid Fund, 1974).

约翰·普兰德加斯特：《安哥拉的致命战争：对付萨文比的人间地狱》，华盛顿特区：美国和平研究所，1999 年。

Prendergast, John. *Angola's Deadly War: Dealing with Savimbi's Hell on Earth* (Washington, DC: United States Institute of Peace, 1999).

《总统多斯·桑托斯对传奇女歌手表达敬意》，安哥拉国家通讯社，2006 年 1 月 6 日，引自维基百科，"玛丽亚·德·卢尔德斯·佩雷拉·多斯·桑托斯·范—杜内姆"，http：//en. wikipedia. org/wiki/Maria_ de_ Lourdes_ Pereira_ dos_ Santos_ Van-D% C3% BAnem.

"President dos Santos Pays Homage to Legendary Songstress." *Angola Press Agency*, 6 January 2006. Cited in "Maria de Lourdes Pereira dos Santos Van-Dúnem," Wikipedia, the Free Encyclopedia, http：//en. wikipedia. org/wiki/Maria_ de_ Lourdes_ Pereira_ dos_ Santos_ Van-D% C3% BAnem.

亨涅·普雷托里斯、利佐·贾弗塔：《分支机构涌现：非洲人发起的教会》，载理查德·埃尔菲克和罗德尼·达文波特编：《南非的基督教》，伯克利和洛杉矶：加州大学出版社，1997 年版。

Pretorius, Hennie, and Lizo Jafta. "A Branch Springs Out: African

Initiated Churches. ” In *Christianity in South Africa*, ed. Richard Elphick and Rodney Davenport (Berkeley and Los Angeles: University of California Press, 1997).

阿尔伯特·J. 拉博托：《内心深处的火焰：对美国黑人宗教史的反思》，波士顿：灯塔出版社，1995 年版。

Raboteau, Albert J. *A Fire in the Bones: Reflections on African-American Religious History* (Boston: Beacon Press, 1995).

若泽·雷迪尼亚：《安哥拉的乐器》，葡萄牙科英布拉：人类学研究所，1984 年版。

Redinha, José. *Instrumentos Musicais de Angola: Sua Construção e descrição: Notas Históricas e Etno-Sociológicas da Música Angolana* (Coimbra, Portugal: Instituto de Antropologia, 1984).

若泽·雷迪尼亚：《隆达人的墙壁绘画》，里斯本：安哥拉钻石公司，1953 年。

Redinha, José. *Paredes Pintadas da Lunda* (Lisbon: Companhia de Diamantes de Angola, 1953).

罗伯托·赖斯编：《迈向社会批判主义："社会批判视角下的葡语巴西文学"会议论文选集》，亚利桑纳州坦佩：拉美研究中心，1991 年。

Reis, Roberto, ed. *Toward Socio-Criticism: Selected Proceedings of the Conference "Luso-Brazilian Literatures, a Socio-Critical Approach"* (Tempe, AZ: Center for Latin American Studies, 1991).

安哥拉共和国：《安哥拉驻英国大使馆通讯简报》，2004 年 12 月/ 2005 年 1 月，第 101 期，http://www. angola. org. uk/newsletter101. htm.

Republic of Angola, *Newsletter of the Embassy of Angola in the UK*. No. 101 (December 2004/ January 2005), http://www. angola. org. uk/ newsletter101. htm.

安哥拉共和国：《安哥拉驻英国大使馆通讯简报》，2005 年 2 月，第 102 期，http://www. angola. org. uk/newsletter102. htm.

Republic of Angola, *Newsletter of the Embassy of Angola in the*

UK. No. 102 （February 2005）, http：//www. angola. org. uk/newsletter102. htm.

帕梅拉·雷诺兹：《津巴布韦的传统治疗师与儿童》，阿森斯：俄亥俄大学出版社，1996 年版。

Reynolds, Pamela. *Traditional Healers and Childhood in Zimbabwe* （Athens：Ohio University Press, 1996）.

琳达·瑞切特、安德鲁·道斯、克雷格·希克森—史密斯：《南部非洲对幼儿的性虐待》，开普敦：卫生科学资料中心出版社，2004 年版。

Richter, Linda, Andrew Dawes, Craig Higson-Smith. *Sexual Abuse of Young Children in Southern Africa* （Cape Town：HSRC Press, 2004）.

沃尔特·罗德尼：《欧洲人在安哥拉的活动及非洲人的反抗》，载 T. O. 丹尼尔《中部非洲史概览》，伊利诺斯州埃文斯顿：西北大学出版社，1970 年版。

Rodney, Walter. "European Activity and African Resistance in Angola." In *Aspects of Central African History*, ed. T. O. Tanger （Evanston, IL：Northwestern University Press, 1970）.

若泽·奥诺里奥·罗德里格斯：《巴西与非洲》，伯克利和洛杉矶：加州大学出版社，1965 年版。

Rodrigues, Jose Honorio. *Brazil and Africa* （Berkeley and Los Angeles：University of California Press, 1965）.

英奇·瑞格洛克：《安哥拉电影在战后的繁荣》，《文化的力量》，安哥拉电影，http：//www. powerofculture. nl/uk/specials/cinema _ in _ africa/angola. html.

Ruigrok, Inge. "Angolan Cinema Flourishes after the War." *Power of Culture*, Cinema of Africa, http：//www. powerofculture. nl/uk/specials/cinema_ in_ africa/angola. html.

英奇·瑞格洛克：《"新"安哥拉的艺术》，《时事》，2003 年 9 月，http：//www. powerofculture. nl/uk/current/2003/september/benguela. html.

Ruigrok, Inge. "Art in the 'New' Angola." *Current Affairs* （September

171

2003 ）， http：//www. powerofculture. nl/uk/current/2003/september/benguela. html.

W. H. 桑德斯：《来自安哥拉的翁本杜谚语、格言和谜语合集》，美国海外传教理事会，1914 年。

Sanders，W. H. *A Collection of Umbundu Proverbs，Adages and Conundrums from Angola*（n. p.：American Board of Commissioners of Foreign Missions，1914）.

纳奥伊·科恩·多斯·桑托斯：《超越不平等：安哥拉的妇女》，津巴布韦哈拉雷：南部非洲研究和文献中心，2000 年版。

Santos，Naiole Cohen dos. *Beyond Inequalities：Women in Angola*（Harare，Zimbabwe：Southern African Research and Documentation Centre，2000）.

J. 夏伊德、S. 恩戈亚尼、S. 汤姆林、R. 瑞德曼和 R. 罗伯茨，"全球产妇死亡率的减少：安哥拉传统接生员的教育和干预的结果"，《医疗系统杂志》，1999 年 4 月，第 23 卷第 2 期，第 99~105 页。

Schaider，J.，S. Ngonyani，S. Tomlin，R. Rydman，and R. Roberts. "International Maternal Mortality Reduction：Outcome of Traditional Birth Attendant Education and Intervention in Angola. " *Journal of Medical Systems* 23，no. 2（April 1999）：99~105.

丹尼·谢克特："哈瓦那—罗安达的联系"，《古巴评论》，1976 年 3 月，第 6 期，第 5~13 页。

Schechter，Danny. "The Havana-Luanda Connection. " *Cuba Review* 6（March 1976）：5~13.

肖恩·希恩，《安哥拉》，纽约：M. 卡文迪什出版社，1999 年版。

Sheehan，Sean. *Angola*（New York：M. Cavendish，1999）.

艾尔沃德·肖特：《今日非洲的罗马天主教会》，载克里斯托弗·法伊夫和安德鲁·沃尔斯编：《1990 年代非洲的基督教》，爱丁堡：爱丁堡大学非洲研究中心，1996 年版。

Shorter，Aylward. "The Roman Catholic Church in Africa Today. " In

Christianity in Africa in the 1990s, ed. Christopher Fyfe and Andrew Walls (Edinburgh: Centre of African Studies, University of Edinburgh, 1996).

托尼·西蒙斯·达·席尔瓦：《葡语女作家书目提要》，http://www. arts. uwa. edu. au/AFLIT/FEMECalireLU. html.

Simoes da Silva, Tony. *A Bibliography of Lusophone Women Writers*, http://www. arts. uwa. edu. au/AFLIT/FEMECalireLU. html.

埃德温·威廉·史密斯编：《非洲的神祇观念：研讨会论文集》，伦敦：爱丁堡出版社，1950 年版。

Smith, Edwin William, ed. *African Ideas of God: A Symposium* (London: Edinburgh House Press, 1950).

埃德温·威廉·史密斯：《在非洲的基督教使团》，伦敦：国际宣教协会，1926 年版。

Smith, Edwin William. *The Christian Mission in Africa* (London: International Missionary Council, 1926).

基斯·萨默维尔：《安哥拉：政治、经济和社会》，科罗拉多州博尔德：林恩林纳出版社，1986 年版。

Somerville, Keith. *Angola: Politics, Economics, and Society* (Boulder, CO: L. Rienner, 1986).

福拉·索雷姆库恩：《美国传教团在安哥拉的历史：1880～1940》，西北大学博士学位论文，1965 年。

Soremekun, Fola. "A History of the American Board Mission in Angola, 1880～1940. " PhD dissertation, Northwestern University, 1965.

珍妮特·L. 斯坦利：《非洲艺术：书目指南》，纽约：非洲文献出版社，1985 年版。

Stanley, Janet L. *African Art: A Bibliographic Guide* (New York: Africana, 1985).

彼得·亨德里克·斯泰恩：《消失的生活方式：早期海角的科伊人和桑人》，南非比勒陀利亚：联合图书出版社，1990 年版。

Steyn, Hendrik Pieter. *Vanished Lifestyles: The Early Cape Khoi and San*

（ Pretoria， South Africa：Unibook， 1990）.

维吉尔·苏亚雷斯：《幸免的安哥拉：来自古巴裔美国人儿童时代的回忆》，休斯敦：公共艺术出版社，1997 年版。

Suarez， Virgil. *Spared Angola：Memories from a Cuban-American Childhood* （Houston：Arte Público Press， 1997）.

詹姆斯·H. 斯威特：《重塑非洲：1441 年至 1770 年葡语非洲世界的文化、王权和宗教》，教堂山：北卡莱罗纳大学出版社，2003 年版。

Sweet， James H. *Recreating Africa：Culture， Kingship， and Religion in the African-Portuguese World*， 1441 ~ 1770 （Chapel Hill：University of North Carolina Press， 2003）.

约翰·桑顿： 《非洲天主教会在刚果王国的发展：1491 ~ 1750》，《非洲历史杂志》，1984 年，第 25 卷，第 147 ~ 167 页。

Thornton， John. "The Development of an African Catholic Church in the Kingdom of Kongo， 1491 ~ 1750. " *Journal of African History* 25 （1984）： 147 ~ 167.

约翰·桑顿：《刚果人的圣安东尼：多纳·比阿特丽斯·吉米帕·维塔和安东尼运动，1684 ~ 1706》，剑桥：剑桥大学出版社，1998 年版。

Thornton， John. *Kongolese Saint Anthony：Dona Beatriz Kimpa Vita and the Antonian Movement*， 1684 ~ 1706 （Cambridge：Cambridge University Press， 1998）.

美国人口调查局对外贸易部门数据发布机构：《与安哥拉的贸易：2003》，华盛顿特区，2003 年。http：//www. census. gov/foreign-trade/balance/c7620. html#2003.

"Trade with Angola：2003," U. S. Census Bureau， Foreign Trade Division， Data Dissemination Branch （Washington， DC：2003）， http：//www. census. gov/foreign-trade/balance/c7620. html#2003.

约翰·泰勒·塔克：《黑暗中的鼓声》，纽约：乔治·H. 多兰出版社，1927 年版。

Tucker， John Taylor. *Drums in the Darkness* （New York：George

H. Doran，1927）.

英奇·特维登：《安哥拉：力争和平与重建》，科罗拉多州博尔德：西部视野出版社，1997 年版。

Tvedten，Inge. *Angola*：*Struggle for Peace and Reconstruction*（Boulder，CO：Westview，1997）.

联合国人道主义事务协调办公室：《安哥拉：饱受战争蹂躏的儿童》，地区一体化信息网络，2005 年 2 月 1 日，http：//www. irinnews. org/report. asp? ReportID = 4340l.

UN Office for the Coordination of Humanitarian Affairs. "Angola：Children Ravaged by War."*Integrated Regional Information Networks*（*IRIN*），February 1，2005，http：//www. irinnews. org/report. asp? ReportID = 4340l.

范德瓦尔斯、S. 威廉：《葡萄牙在安哥拉的战争：1961 年至 1974 年》，南非里沃尼亚：阿善堤出版社，1993 年版。

Van der Waals，Willem S.*Portugal's War in Angola*，1961 ~ 1974（Rivonia, South Africa：Ashanti，1993）.

约翰·弗雷德里克·沃克：《特定曲线的角：对安哥拉大黑马羚的百年探索》，纽约：大西洋月刊出版社，2002 年版。

Walker，John Frederick.*A Certain Curve of Horn*：*The Hundred-Year Quest for the Giant Sable Antelope of Angola*（New York：Atlantic Monthly Press，2002）.

伊马·华莱士和彼得·辛克莱，《来自前线的艺术品：来自安哥拉、博茨瓦纳、莫桑比克、坦桑尼亚、赞比亚和津巴布韦等南部非洲的当代艺术品》，伦敦：前线国家和卡利亚出版社，1990 年版。

Wallace，Emma，and Peter Sinclair.*Art from the Frontline*：*Contemporary Art from Southern Africa*：*Angola*，*Botswana*，*Mozambique*，*Tanzania*，*Zambia*，*Zimbabwe*（London：Frontline States/Karia Press，1990）.

爱丽丝·沃娜：《班图人的神话和传说》，伦敦：卡斯出版社，1968 年版。

Werner, Alice. *Myths and Legends of the Bantu* (London: Cass, 1968).

道格拉斯·L. 惠勒、雷内·佩里希尔：《安哥拉》，纽约：普瑞格出版社，1971 年版。

Wheeler, Douglas L., and René Pélissier. *Angola* (New York: Praeger, 1971).

维基百科："按国别分的罗马天主教"，http://www.answers.com/topic/roman-catholics-by-country.

Wikipedia. "Roman Catholicism by Country." Answers.com, http://www.answers.com/topic/roman-catholics-by-country.

沃尔特·威廉姆斯：《美国黑人和非洲的基督教化：1877～1900》，麦迪逊：威斯康星大学出版社，1982 年版。

Williams, Walter. *Black Americans and the Evangelization of Africa, 1877～1900* (Madison: University of Wisconsin Press, 1982).

迈克尔·沃尔弗斯：《来自非洲的诗歌》，伦敦：海涅曼教育图书出版社，1979 年版。

Wolfers, Michael. *Poems from Angola* (London: Heinemann Educational Books, 1979).

世界粮食计划署/脆弱性分析与地图，《对中部高原的安哥拉农村的粮食安全与生计的调查》，2005，http://www/wfp.org/country_brief/africa/angola/docs/Food_Security_and_Livelihood_Surve_in_CH_June_2005.pdf.

World Food Program/Vulnerability Analysis and Mapping. *Food Security and Livelihood Survey in the Central Highlands of Rural Angola* (2005), http://www/wfp.org/country_brief/africa/angola/docs/Food_Security_and_Livelihood_Surve_in_CH_June_2005.pdf.

美国军备控制与裁军署：《世界军费开支和武器转让：1998》，http://www.globalsecurity.org/military/world/spending.htm.

"World Military Expenditures and Arms Transfers, 1998," U.S. Arms Control and Disarmament Agency, http://www.globalsecurity.org/military/

world/spending. htm.

英国世界宣明会:《安哥拉:一场复杂战争中的错综复杂局面和诸多参与者》,2000 年 7 月,http://www. worldvision. org. uk/resources/angolareport. pdf.

World Vision UK. "Angola: A Tangled Web, Many Players in a Complex War" (July 2000), http://www. worldvision. org. uk/resources/angolareport. pdf.

（索引所标页码为原书页码，见正文页边。）

175

176

177

178

179

译后记

　　这是一本介绍安哥拉文化与习俗的小册子，除去第一章对安哥拉的总体介绍之外，主要内容包括宗教和世界观，文学和传媒，艺术、建筑与住房，休闲、服饰和饮食，婚姻、家庭和性别角色，社会习俗和生活方式，音乐和舞蹈。本书的作者美国田纳西州立大学历史系的阿德巴约·O. 奥耶巴德（Adebayo O. Oyebade）教授向我们全景式地呈现了安哥拉各方面的文化与习俗。不过，作者并没有一味地停留在现状介绍的层面上，而是尽可能历时性地勾勒各种文化习俗所发生的变迁，并从更宏大的历史背景和外部环境着手扼要地分析了导致这些变迁的因素。因此，可以说，这是一本从历史角度介绍安哥拉文化与民俗的通俗读物。

　　中国与安哥拉不仅有深厚的传统友谊，而且近年来双方经贸合作发展迅速，主要表现在金融、能源、工程和劳务承包等领域。安哥拉已成为中国在非洲的重要贸易伙伴和中国重要的石油供应国。在此背景下，加强对安哥拉政治、经济、文化和社会等各方面的认识和研究成为重要的课题。与一个国家开展经贸合作与对外投资，不仅要了解其经济运行和政治制度，还要知晓其风土人情和文化密码，这样更有助于对外往来的开展。本书的意义就在于为我们了解安哥拉深层的文化、民风和习俗提供了一个文本。无论是对于研究安哥拉的学者，还是对于从事与安哥拉有关事务的各界人士，这本小册子无疑都具有重要的参考价值。

正是因为感觉翻译这本书具有一定的现实意义，我们才承受着很高的机会成本并接下了这个任务。从 2013 年 6 月开始，历时半年多，终于完成了这本书的翻译工作。其间刚好经历一个暑假和一个寒假，我们主要也是利用这些假期时间来集中进行翻译的。本书的第五章和第七章是由我的硕士研究生邓煜平翻译的，她的译文表述准确、文笔流畅，我在统稿校对过程中几乎未作太多改动。除第五章和第七章外的其他内容都是我翻译的。在初稿完成后，我又通篇反复校对了两遍。

这本书是一本通俗读物而非专业论著，没有深奥的学术概念和复杂的逻辑推导，相比于译者翻译的其他书籍那是容易很多。不过，这并不意味着对这本书的翻译没有任何困难。最大的困难不在于对英语的理解，而是对葡萄牙语和安哥拉本地语言的理解。因为安哥拉曾是葡萄牙的殖民地，葡萄牙语是其官方语言，而且安哥拉还有自己的多种本地语言。在这本介绍安哥拉的文化与习俗的作品中不可能不涉及这两种语言，这主要体现在一些专有词汇、地名、人名及其他各种名称上。好在本书的作者在附录中提供了一个关于本地语言的词汇表，对这些词汇作者给出了英语解释。另外，对于书中出现的很多名称（比如组织名称、人名、书名、乐队名、歌曲名、乐器名、舞蹈名等）作者也大都给出了英语译文。这大大方便了我们的翻译。然而，还是有少量名称作者只给出了葡萄牙语或本地语言，这样的话我们可能无法对这些名称做出准确的翻译，只进行了直译。鉴于此，对于专有词汇和各种名称，我们都把葡萄牙语或本地语言放在相应的中文译文后的括号内，以方便读者阅读和理解。

责任编辑对译文初稿的细心校对和修改，让译文增色良多，对此我们深表谢意。

本书涉及的知识面广，而译者才疏学浅，又不通晓葡萄牙语和安哥拉的本地语言，所以翻译中的错误在所难免，欢迎各位读者批评指正。我的电子邮箱是 leeguowu@126.com。

李国武

2014 年 1 月 25 日